# RÉUSSISSEZ VOTRE PRISE DE POSTE

Isabelle Croo et Pia de Buchet
Préface de Laurent Oddoux

# RÉUSSISSEZ VOTRE PRISE DE POSTE

## POUR LES MANAGERS ET DIRIGEANTS

Vuibert

Couverture : Esther Pailhou
Maquette et mise en page : Camille Carlos

ISBN : 978-2-311-62901-9


5, allée de la 2e division blindée, 75015 Paris
www.vuibert.fr

# SOMMAIRE

# PRÉFACE

À l'heure où la compétitivité économique et les mutations technologiques transforment en profondeur l'univers du travail, la capacité des dirigeants et managers à réussir leur prise de poste s'avère plus que jamais déterminante. L'entreprise contemporaine, en quête perpétuelle d'innovation et de sens, attend de ses leaders qu'ils relèvent simultanément le défi de la continuité et celui de la transformation.

Dans cet ouvrage, Isabelle Croo et Pia de Buchet proposent bien plus qu'un manuel technique : elles offrent une boussole, une vision singulière de la prise de poste managérial, qui fait de la confiance le socle d'une performance durable. Leur démarche, nourrie par une expérience riche et un regard affûté, rompt avec les approches traditionnelles pour ouvrir des perspectives nouvelles, profondément ancrées dans les réalités managériales actuelles.

Naviguer entre le monde du connu – hériter, comprendre et s'inspirer de l'existant – et celui de l'inconnu – interroger, innover, impulser le changement – voilà le délicat équilibre que ce livre aide à atteindre. Isabelle et Pia accompagnent chaque lecteur vers une prise de conscience salutaire : instaurer la confiance dès les premiers jours est la clé pour réussir sa prise de poste.

Page après page, vous découvrirez des repères concrets pour installer cette confiance, encourager la responsabilité, clarifier la prise de décision et favoriser l'engagement de chaque membre du collectif au service de la performance opérationnelle. Les outils et réflexions proposés permettent d'aborder avec assurance les tensions et les paradoxes inhérents à la prise de poste, tout en invitant à remettre en question ses propres pratiques pour grandir en tant que manager ou dirigeant.

Ce livre n'est pas seulement un guide, c'est une invitation à oser, à expérimenter et à transformer son environnement de travail. Laissez-vous surprendre, inspirez-vous, et osez faire de votre prise de poste une aventure féconde, humaine et inspirante.

Cet ouvrage d'Isabelle Croo et Pia de Buchet est un compagnon précieux pour toute personne désireuse de réussir sa prise de poste et de laisser une empreinte positive dans son organisation. C'est à vous maintenant de lire, de choisir et d'expérimenter... avec, je l'espère, beaucoup de joie et de surprenantes découvertes.

Laurent Oddoux,

Coach, superviseur, psychothérapeute
Co-fondateur du cabinet Trajectives

# INTRODUCTION

Les crises s'enchaînent. L'instabilité devient permanente. Les repères vacillent. Le métier de manager est toujours plus exigeant. Dans ce contexte mouvant, chaque prise de poste est un passage encore plus sensible. Contexte, culture, jeux d'acteurs, attentes : toutes les cartes sont rebattues. Il vous faut comprendre encore plus vite, agir juste, vous adapter sans vous perdre. On attend de vous de la clarté, de l'impact, une posture inspirante.

Depuis plus de dix ans, nous accompagnons dirigeants, managers et équipes dans ces moments de bascule. Ce livre est né d'un constat : à tous les niveaux des organisations et malgré des méthodes souvent très élaborées de prise de poste, six pièges et erreurs majeurs se répètent : syndrome de l'imposteur, isolement, suffisance, fuite, omniprésence et ingratitude.

Nous sommes convaincues que la clé du succès d'une prise de poste est la confiance. La confiance en vous ; celle que vous accordez à vos équipes, et qu'elles vous rendent ; et celle que vous inspirez, dès le premier jour, à votre hiérarchie et à toutes les parties prenantes.

Comment gagner cette confiance ? Nous vous proposons de suivre successivement six caps de notre boussole de la prise de poste : inspirés de cas réels et décryptés avec des outils de coach, ils correspondent aux six postures de leader à adopter pour réussir cette étape.

# Mode d'emploi de la boussole de la prise de poste

Cette boussole est votre alliée pour réussir votre prise de poste. Elle a été conçue pour s'adapter à vos besoins : suivez le chemin chapitre après chapitre ou plongez directement dans celui qui correspond à votre priorité du moment.

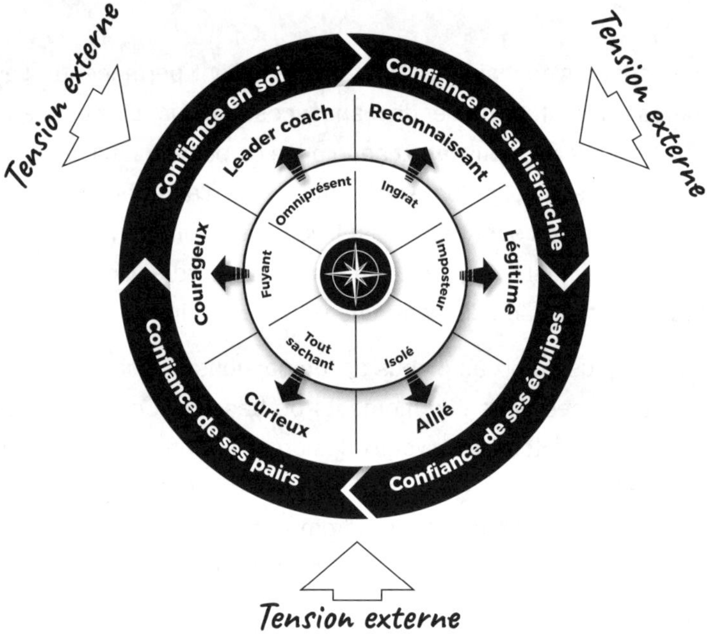


Au centre, six pièges universels vous guettent : imposteur, isolé, tout-sachant, fuyant, omniprésent, ingrat. Y tomber, c'est adopter une posture de petit chef, sur la défensive. À l'extérieur se déploient les six postures du leader – légitime, allié, curieux, courageux, coach, reconnaissant. Chaque chapitre vous aide à franchir ce cap : quitter le réflexe de défense pour choisir une posture solide et crédible.

Parcourez les chapitres dans le sens horaire : vous avancerez pas à pas dans la construction de la confiance. Remontez-les à rebours : vous disposerez alors d'un guide pour la réparer ou la consolider quand elle vacille.

Autour de ce double cercle, la confiance se déploie : en vous-même, avec votre hiérarchie, vos équipes, vos pairs. Elle se construit étape après étape, se nourrit d'expériences partagées et se renforce dans l'action. Plus vous avez confiance en vous, plus vous inspirez confiance. Et plus l'autre vous accorde sa confiance, plus il vous en redonne. C'est ce cercle vertueux qui fait grandir votre leadership.

Enfin, les flèches « tension externe » rappellent que vous n'êtes jamais seul dans votre prise de poste. Elles vous invitent à intégrer en permanence le contexte dans lequel vous opérez car il n'a jamais été aussi complexe et incertain.

Bonne route avec cette boussole ! Nous vous souhaitons d'incarner dès les premiers jours le leadership inspirant d'un manager légitime, allié, curieux, courageux, coach et reconnaissant.

Isabelle Croo et Pia de Buchet

Chapitre 1

# DE L'IMPOSTEUR AU LEADER LÉGITIME

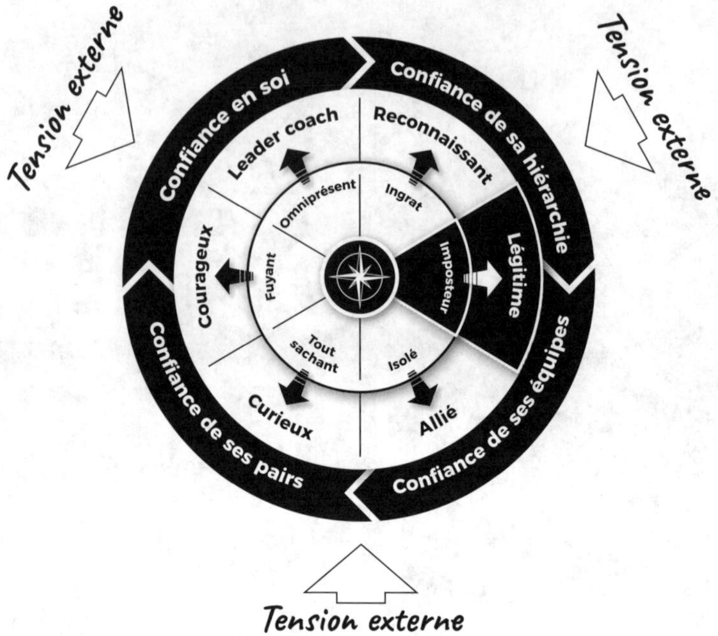


Moment charnière, le premier jour d'une prise de poste ravive souvent une peur connue et enfouie : celle de ne pas être à la hauteur. Ce syndrome de l'imposteur, plus ou moins fort, touche tous les niveaux de responsabilité. Il se glisse dans nos silences, nos surcompensations, notre manière de vouloir « faire nos preuves ».

Ce chapitre vous invite à regarder ce syndrome en face, à lui faire une place et à sortir grandi de l'impasse dans laquelle il vous a peut-être mené. Vous deviendrez alors un leader légitime : qui continue à douter mais se sait à sa place, qui cherche non plus à prouver son autorité mais à assumer ses vulnérabilités. Voici la première étape du chemin pour réussir votre prise de poste. Une étape exigeante, fondatrice, qui vous donne de l'élan pour la suite.

# Le doute fait partie de la prise de poste

## Panique à bord !

Clémence vient de prendre un poste de directrice marketing et commerciale dans une entreprise d'industrie agroalimentaire. Après sept années dans une *business unit* du même groupe, elle connaît bien l'environnement. L'enjeu est de taille : manager 150 personnes, elles-mêmes chargées de l'ensemble des équipes ventes et marketing en France et dans le monde. Un défi qu'elle se sentait prête à relever... jusqu'à ce que tout s'effondre au bout de dix jours.

Elle nous appelle : « Je suis totalement satellisée, je n'y arrive pas. J'évolue au milieu de collaborateurs hyper forts. Qu'est-ce que je vais leur apporter ? Je me sens court-circuitée par celle qui aurait voulu mon job. Personne n'a préparé mon onboarding ni ne partage son expérience. Je vais à la pêche aux infos. Je dois jongler entre des meetings à 8 heures du matin et mes contraintes familiales. Je me sens surveillée, sur le grill, en test permanent. On m'a comme jetée dans la piscine et tout le monde regarde comment j'arrive à nager, en allant jusqu'à souhaiter que des requins surgissent. OK, j'apporte un vent de fraîcheur dans le système, mais à part ça... J'aurais mieux fait de garder mon job précédent. Je me demande si je suis encore à ma place dans ce groupe. »

À deux doigts d'abandonner, Clémence demande de l'aide et prend le temps de considérer la situation : le seul moyen pour être en mesure, ensuite, d'accélérer. La prise de poste partage avec la course à pied cette clé de succès : « Démarrez doucement et, si vous êtes parti trop vite, tête baissée, ralentissez avant d'exploser ! ».

Nous commençons un accompagnement de coaching. Le temps pour Clémence de se reconnecter à toutes les bonnes raisons d'avoir pris ce poste et de rebooster sa confiance. Car oui, elle est la bonne personne à la bonne place : une professionnelle dotée des compétences et des valeurs qui correspondent parfaitement à la mission. Elle n'est pas faible. C'est cette période d'amorçage qui lui fait vivre des montagnes russes. En prendre conscience est fondamental.

## Entre excitation et appréhension

Quelle joie, quelle excitation même parfois, de prendre son nouveau poste ! Que ce soit une suite logique du poste précédent ou une surprise, l'aboutissement d'une longue quête ou le saut sur une opportunité, ce changement fait vibrer en chacun de nous de la fierté, en même temps qu'un peu de peur :

- Joie de la découverte, de la stimulation, joie nichée dans la fierté ou la satisfaction, etc. Quand nous nous connectons à cette joie, nous nous sentons forts, légitimes, compétents, bien à notre future place.
- Peur de l'inconnu, des défis, de l'échec, de la déstabilisation de notre équilibre de vie, etc. Quand nous nous connectons à cette peur, nous nous sentons vulnérables, incompétents, illégitimes.

La combinaison d'excitation et d'appréhension varie en fonction de notre histoire, de notre tempérament, de l'environnement dans lequel nous arrivons et de notre sensibilité. Prendre un nouveau poste fait donc nécessairement et universellement passer par des moments de doute. **À bonne dose, ce doute est sain car, en nous bousculant, il nous fait progresser.**

Prendre un poste fait osciller entre deux polarités que sont l'absence totale de doute (suspecte, visible chez celui que nous appellerons le « petit chef ») et le doute excessif (parfois tétanisant, à l'origine du syndrome de l'imposteur dont nous parlerons plus loin). Cette oscillation permanente est difficile. Ce chapitre doit vous aider à atteindre le point d'équilibre, celui du « doute sain » qui fera de vous un leader incarné.

La métaphore de la piscine qu'emploie Clémence est terriblement commune. Elle décrit ce changement d'environnement qu'entraîne toute prise de nouveau poste, avec sa part évidente de déstabilisation (les repères dans l'eau diffèrent de ceux sur la terre ferme) et d'insécurité (il faut savoir sortir la tête de l'eau pour survivre). Il y a beaucoup à faire, à découvrir, les journées paraissent souvent trop courtes, et cela donne en effet l'impression de nager à corps perdu.

Ce qui est intéressant dans cette métaphore est la solitude ressentie par celui qui y recourt : il se débat seul, sans qu'aucune aide n'intervienne... et sans solliciter lui-même le moindre secours. Plus la solitude est profonde, plus la métaphore se gonfle de variantes angoissantes montrant un environnement hostile : « on m'a jeté dans l'eau », « personne ne m'a demandé si je savais nager », « on m'appuie la tête sous l'eau », « les requins rôdent », « personne ne me tend de perche », « les gens autour regardent comment je m'en sors », « je dois faire de la brasse coulée très longtemps », etc.

Pour chaque prise de poste, et pour chacun d'entre nous, l'immersion est plus ou moins longue, plus ou moins profonde. La bonne nouvelle dans la coulée, c'est qu'au moment où vous réalisez que vous touchez le fond, vous êtes en train d'inverser la tendance.

## Au cœur de la courbe des cent premiers jours

Cette métaphore de la piscine nous conduit à évoquer la courbe des cent premiers jours.

**Figure 1.1 : La courbe des cent premiers jours**

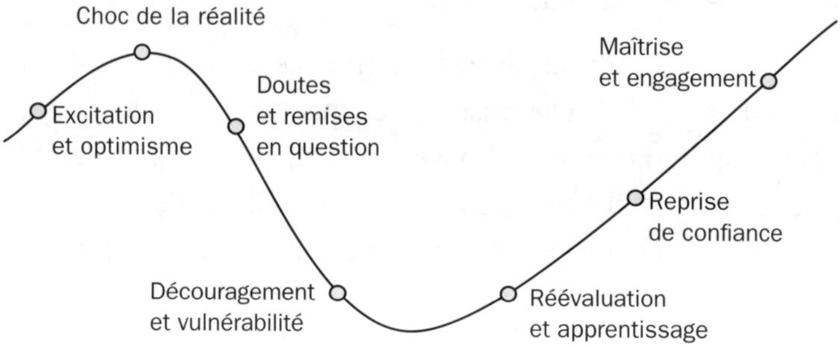


La courbe des cent premiers jours est une représentation visuelle des phases successives de la prise de poste, inspirée par la courbe du changement de Kübler Ross : après l'enthousiasme *a priori* et l'excitation des premiers jours, le choc de la réalité provoque une phase de doute et de découragement. Ce glissement peut être brutal et ébranler la confiance en soi.

Remonter la pente suppose un travail de réévaluation et d'ajustement, qui est aussi un temps d'apprentissage. Cette *remontada* n'est possible qu'en s'appuyant sur les autres ou, pour reprendre l'image de la piscine, en sollicitant l'aide d'un maître-nageur : un tiers confident qui peut être un pair, un conjoint, un ami, un proche ou, bien sûr, un professionnel de l'accompagnement. Notre capacité à demander de l'aide et à nous appuyer sur les autres atténue la courbe descendante. Ce n'est pas là un signe de faiblesse, mais de proactivité. La confiance redevient alors suffisante pour favoriser la maîtrise et l'engagement.

## Un processus ordinaire et néanmoins personnel

Tout manager ou dirigeant en prise de poste passe par ces étapes, et en ressent les effets de manière plus ou moins aiguë. Ce processus est ordinaire, normal. Il est même sain et productif ! L'objectif n'est donc ni d'éviter les difficultés ni de les occulter, mais d'en être conscient. Les surmonter nous rend plus forts dans le poste… et prêts à affronter le processus quand il se reproduira (lors d'un changement d'organisation, par exemple).

Nos états émotionnels ne suivent pas un ordre précis ni un *timing* défini. Ce n'est pas un processus linéaire. Chacun vit le changement à sa manière : certains états reviennent, d'autres passent inaperçus. La durée et l'intensité des effets de chaque étape de la courbe dépendent de plusieurs facteurs : le niveau de changement perçu et le style de management du leader, l'incertitude du business et la culture de l'entreprise. La perception d'un changement est subjective, propre à chacun.

Deux dynamiques rythment cette courbe :

- **Une phase de repli** : des émotions désagréables, une énergie négative, des freins qui nous maintiennent ancrés dans le passé.
- **Une phase d'élan** : des émotions plus agréables, une énergie positive, des comportements tournés vers l'action et l'avenir.

Cette courbe nous rappelle une chose essentielle : **le temps fait son œuvre**. Le changement ne se force pas, il se traverse.

## La confiance, un essentiel

Telle une bouée qui permet au nageur d'atteindre le bord de la piscine, la confiance (et avant tout la confiance en lui) permet au manager en prise de poste de traverser les phases de doute.

Avant d'explorer comment renforcer votre confiance en vous, nous vous invitons à considérer ces quatre convictions :

- « **Avoir confiance en moi me rend légitime dans mon nouveau rôle**, même s'il reste des apprentissages à faire, et me rappelle que j'ai été choisi pour cette mission en vertu de mes compétences. Inversement, le doute excessif me pousse à me surinvestir pour faire mes preuves. »
- « **Avoir confiance en moi me permet de prendre des décisions avec assurance**, en me reposant sur ma capacité à évaluer les situations et faire les bons choix. Inversement, le doute excessif me tétanise et m'aveugle. »
- « **Avoir confiance en moi me permet de rester calme et positif pour gérer l'incertitude** liée à la phase d'adaptation. Inversement, le doute excessif me crispe et me rend rigide. »
- « **Avoir confiance en moi est contagieux** : en percevant que j'ai confiance en moi, mes équipes, collègues et supérieurs me voient comme capable et fiable dans mon rôle. Leur propre confiance en moi grandit. Inversement, plus ils me voient douter, plus ils doutent de moi. »

Vous mesurez combien il est précieux de développer cette confiance… Mieux vous parvenez à la nourrir, moins douloureuse est la traversée de la phase de doutes, et moins profond le creux de découragement de la courbe des cent premiers jours. Nous verrons plus loin dans ce chapitre comment activer deux canaux d'alimentation de votre confiance en vous, l'un externe et l'autre interne :

- Capitaliser sur les expériences passées : s'appuyer sur ses réussites et les apprentissages tirés de ses erreurs. Plus on a fait face à des défis et trouvé des solutions, plus on gagne en assurance. Chaque expérience, bonne ou mauvaise, alimente ainsi la confiance.

- Savoir qui l'on est, d'où l'on vient, connaître ses forces, ses compétences, ses limites. Mieux on se comprend soi-même, plus on peut s'appuyer sur ses ressources pour gérer les situations difficiles.

## Le réveil du syndrome de l'imposteur

### Un syndrome à dénicher

Quand le doute s'ancre et s'amplifie, il peut aller jusqu'à réveiller le fameux syndrome de l'imposteur. Ce syndrome vient se nicher dans nos failles, ces fragilités liées à notre parcours personnel, notre environnement ou notre perception de nous-mêmes, qui peuvent, par exemple, découler de ces schémas de pensée :

- **La peur de ne pas être « assez »**, souvent ancrée dans l'enfance ou des comparaisons passées : elle nous fait remettre en question notre valeur.
- **Le perfectionnisme** : il nous conduit à amplifier chaque imperfection comme une preuve d'incompétence.
- **Le besoin de validation externe** : il peut nous inciter à invalider nos réussites si elles ne sont pas reconnues par les autres.
- **Le manque de confiance en soi** : il nous pousse à minimiser nos succès.

Ces failles créent un terrain propice à l'enracinement du sentiment d'imposture avec des pensées telles « je ne suis pas à la hauteur » ou « je n'ai pas ma place ici », qui surgissent quand nous nous comparons à un idéal inaccessible ou recherchons constamment la validation des autres. Ces pensées exploitent nos doutes et nos insécurités. On dit du syndrome de l'imposteur qu'il est circulaire, c'est-à-dire que des pensées récurrentes s'installent et enferment dans un cercle vicieux : anxiété et doute poussent soit à la procrastination, soit au perfectionnisme qui, à leur tour, alimentent le doute. Voici quelques exemples de schémas de pensée récurrents liés au syndrome de l'imposteur :

- **Incompétence** : « Je ne vaux rien, je suis un raté, je vais me faire virer. »
- **Besoin d'approbation** : « Mon estime de moi dépend de l'opinion des autres, je dois être irréprochable. »
- **Abandon** : « On va m'abandonner, je finirai seul. »
- **Méfiance** : « Les autres veulent me nuire, je suis désavantagé. »
- **Dépendance** : « J'ai besoin des autres pour réussir. »

Ce syndrome ne se contente donc pas de visiter ponctuellement nos doutes : il s'installe dans nos zones les plus vulnérables. Plus l'environnement professionnel est ardu ou compétitif ou plus l'ascension hiérarchique s'accélère, plus nos fragilités se renforcent. Elles font le lit de notre syndrome d'imposteur qui amplifie alors notre croyance selon laquelle notre réussite n'est qu'un coup de chance. On comprend bien que la prise de poste puisse accélérer encore ce processus, puisqu'elle oblige à traverser des moments de doute (voir la courbe des cent jours) qui mettent à mal l'estime de soi.

« Je ne pourrai rien leur apporter, ils sont tous plus expérimentés et plus âgés que moi », témoigne Rémi, récemment nommé directeur général dans une entreprise de l'énergie. On parle de syndrome de l'imposteur quand, au doute, s'ajoute un sentiment d'illégitimité (« Que fais-je ici ? Je n'ai pas ma place… », « On me croit plus doué que je ne le suis », « J'ai eu beaucoup de chance », « Le *timing* a joué en ma faveur »), de fraude (« Ils ne se sont pas encore rendu compte que je suis une fraude », « Cela va finir par se voir ») ou le refus de reconnaître son mérite (« Ce n'est vraiment qu'un tout petit peu grâce à moi »).

## Le syndrome de l'imposteur

Ceux qui souffrent du syndrome de l'imposteur ont l'impression de ne pas mériter leur succès et vivent dans la peur d'être « démasqués ». Les psychologues Pauline Rose Clance et Suzanne Imes identifièrent ce syndrome en 1978 en travaillant sur une population de femmes cadres dirigeantes. Les chercheuses soulignèrent alors que même les étudiantes les plus brillantes remettaient en question leur valeur. Bien qu'une autre recherche de M. Harvey, en 1981, ait montré que ce syndrome n'était l'apanage ni des femmes ni des cadres supérieurs, il le reste dans beaucoup d'esprits, y compris chez les coachs. Cette croyance est renforcée par l'effet des quotas qui font dire aux autres : « Elle a été nommée à ce poste parce qu'elle est une femme, c'est plus facile. »

Le syndrome de l'imposteur est donc bien mixte et « ironiquement, ce sont souvent les plus compétents qui en sont victimes », nous confie une coach du plus grand cabinet d'*outplacement* de dirigeants de Paris. La difficulté est dans un premier temps d'en prendre conscience puis de mettre des mots sur ce que l'on ressent.

### Accepter son syndrome d'imposteur

Souvent vécu en solitaire et comme une faiblesse personnelle, le syndrome de l'imposteur est pourtant une expérience universelle. Ses manifestations sont variées : difficulté à s'affirmer, angoisse à l'idée de parler en public, d'exprimer ses opinions ou de prendre des décisions. Les très nombreuses personnes concernées tendent à se suradapter, à viser la perfection et à chercher l'approbation des autres, creusant l'écart entre leur vision idéale du rôle et la réalité. Ce sentiment d'usurpation peut aussi provenir du décalage ressenti après avoir surpassé le niveau de son groupe d'origine.

Un accompagnement individuel aide souvent à briser cet isolement, en permettant d'exprimer en confiance ses ressentis. Parler de ce syndrome peut ainsi être un premier pas vers l'apaisement. Pour s'en libérer et renforcer la confiance en soi, il est essentiel de reconnaître ses failles et de réévaluer ses réussites avec objectivité.

Voici quelques conseils pour apprivoiser le syndrome de l'imposteur et le tenir à distance :

- **Se fonder sur des faits** : demander régulièrement des retours et les noter pour garder une trace de ses réussites.
- **Clarifier ses objectifs et ses progrès** en organisant des points hebdomadaires avec son supérieur. Évaluer ses progrès fait se sentir compétent et muscle encore la confiance.
- **Dédramatiser** en évoquant son ressenti avec légèreté et humour. Parler de ses doutes est déjà une façon de dégonfler le soufflé et de se rendre compte qu'on n'est pas seul.
- **Solliciter le soutien bienveillant** d'un mentor ou d'un coach pour identifier et déconstruire les schémas de pensée récurrents qui orientent notre perception des situations et nous enferment dans des comportements d'autosabotage.
- **Accepter ce syndrome** et le travailler, plutôt que de chercher à le combattre.

### Michelle Obama : « Nous sommes souvent nos pires critiques. »

Michelle Obama a ouvertement reconnu avoir été freinée par le syndrome de l'imposteur, qui l'a souvent amenée à remettre en question sa légitimité dans les espaces de décision. Dans une interview donnée à Vogue en 2023, elle se confie : « Cela m'est arrivé de très nombreuses fois. Ce qui m'a le plus aidée, c'est de me souvenir que nous sommes souvent nos pires critiques. Les femmes et les jeunes filles font déjà face à tant de choses ! Mais la vérité, c'est que vous ne seriez pas là, si vous n'étiez pas à votre place. Et si les pensées négatives affluent inévitablement lorsque l'on endosse de nouveaux rôles et que l'on fait face à de nouveaux défis, on peut y être attentif, sans pour autant que ces pensées nous empêchent d'occuper le terrain et de faire le job. C'est la seule manière dont nous pouvons nous élever, en allant au-delà de nos peurs et en développant notre confiance, en reconnaissant que nos voix et nos idées ont une valeur. »

# Capitaliser sur sa dernière expérience

## Boucler et assimiler

**Olivier : « J'ai pris le temps de clôturer et de passer la main. »**

*J'ai quitté un poste dans lequel j'avais été très heureux, dans une équipe talentueuse et solidaire où la confiance régnait pleinement… J'y avais noué de nombreuses amitiés professionnelles et j'avais pu compter sur le soutien inconditionnel de mes collègues.*

*Avant de tourner cette page, j'ai pris le temps de clôturer mon expérience. J'ai formalisé mon héritage par écrit, un bilan personnel de mes réussites, aussi bien en termes de résultats business et de projets menés qu'en termes de management. J'ai ensuite partagé ce document avec mon N + 1 et mon successeur au cours d'une réunion dédiée – une façon de passer le relais de manière officielle et en toute transparence. Ce moment d'échange m'a permis de revenir sur les défis en cours, d'apporter mes recommandations, et d'assurer une continuité pour les projets auxquels je tenais.*

*Au-delà du traditionnel pot de départ, j'ai organisé des rendez-vous en tête-à-tête avec chacun de mes interlocuteurs clés, afin de faire un bilan de notre collaboration. Je souhaitais clore chaque relation professionnelle de manière positive, en reconnaissant la contribution de tous et en exprimant ma gratitude pour les moments passés ensemble. Cela a également été une occasion unique et précieuse de demander et recevoir des feedbacks sincères.*

*En quittant cette équipe, je suis reparti avec une certitude renforcée : l'esprit d'équipe et la confiance mutuelle sont des éléments essentiels de réussite. J'avais la ferme intention de recréer, dans ma nouvelle aventure, cette dynamique collective, convaincu que la confiance est un levier puissant pour bâtir des équipes solides et engagées.*

Les témoignages et notre vécu le confirment : **la meilleure manière d'aborder un nouveau poste en confiance est de bien clôturer le précédent.** Quelle que soit l'expérience vécue, cette clôture libère de l'énergie pour la prochaine aventure. On se rend parfaitement disponible pour un nouveau cycle professionnel, en capitalisant sur les succès et en évitant de rester bloqué sur les erreurs et les échecs. Ce bouclage prend une forme « interne » et « externe ».

C'est l'occasion de faire un bilan personnel et professionnel en prenant le temps de réfléchir à ce que cette expérience vous a apporté. Pour le faire de manière structurée, vous pouvez répondre à ces quelques questions :

- « Qu'ai-je accompli dans ce poste ? »
- « Quels ont été mes plus grands succès ? »
- « Quels défis ai-je rencontrés et comment les ai-je surmontés ? »
- « Qu'ai-je appris sur moi-même, sur mon métier et sur le travail en équipe ? »

Revisiter votre expérience en profondeur et en tirer des enseignements lui donne une place positive dans votre parcours professionnel. Vous constituez votre « trésor de guerre » et votre réserve de confiance. Ce seront des rocs sur lesquels vous appuyer quand le doute vous accueillera dans les premières semaines de l'expérience suivante.

Ce bouclage passe également par la clôture des dossiers en cours, soit en finalisant les projets, soit, quand ce n'est pas possible, en passant clairement le relais. Ainsi, les questions sont closes de votre côté. Elles restent à leur place, sans risque de venir polluer votre nouveau poste. Vous partez avec le sentiment du travail accompli, boostant votre réputation et l'estime que vous avez de votre professionnalisme et de votre responsabilité. Vous en aurez besoin !

## Ritualiser son départ

### Anne : « Dommage qu'on attende que tu partes pour te dire tout ça ! »

*Après dix ans dans l'organisation, c'était important pour moi de dire "au revoir, et merci". J'étais très animée par un sentiment de gratitude et j'avais besoin de le partager. C'était important de mettre en mots tout ce que j'avais appris, les rencontres, les bons moments passés, le fait d'avoir grandi dans l'entreprise.*

*J'avais pris soin d'écrire aux gens qui comptaient pour moi dans l'écosystème. J'étais en lien avec beaucoup de parties prenantes et j'ai écrit, je crois, à la moitié – soit 200 mails personnalisés. J'ai reçu beaucoup de retours de ces mails, de nombreux témoignages d'estime, des remerciements, des mots qui ont touché mon cœur et mon esprit. On m'a renvoyé beaucoup de positif. Récolter le positif de ce que tu as semé, cela nourrit ta confiance en toi ! Dommage qu'on te le dise seulement quand tu pars ! J'ai imprimé ces messages et je les conserve. C'est un peu comme mon trésor…*

*Lors de mon pot de départ, j'ai été submergée par une émotion qui m'a vraiment surprise et qui a duré tout le temps où j'ai parlé puis écouté ceux qui étaient là. Ce pot est un moment très prévisible, avec ses règles, sa dramaturgie, son esthétique. Et pourtant, c'est un moment qui fait vibrer ! Des choses dont je n'étais pas consciente sont venues jusqu'à moi. C'est un effet miroir de la façon dont les autres te perçoivent. Le pouvoir de l'altérité, c'est que l'autre te dit parfois quelque chose de totalement différent de ce à quoi tu t'attendais de sa part. Passionnant ! Bien sûr, il y a un biais positif, mais c'était bon aussi d'entendre mes limites tournées en atouts : une sacrée force pour me projeter dans la suite !*

Plusieurs rituels marquent un départ : un mail d'au revoir à ses parties prenantes, un post sur LinkedIn ou encore un pot de départ. Ces rituels paraissent parfois superficiels avec leurs codifications et leurs points de passage. Mais ils sont fondamentaux car ils concrétisent la rupture, pour soi et pour les autres.

Dire au revoir à ses collègues, supérieurs et partenaires professionnels, par exemple à l'occasion d'un pot de départ, est une étape cruciale. Ces relations ont souvent joué un rôle important dans notre parcours, des relations amicales se sont tissées. Dire au revoir permet de clore ces collaborations de manière respectueuse, de renforcer son réseau professionnel, et de partir sur une note positive… même quand l'aventure s'est mal terminée. C'est un moment privilégié pour :

- **remercier** les personnes qui vous ont aidé ou inspiré pendant cette tranche de vie professionnelle. Ce geste renforce votre posture de leader et montre votre reconnaissance, un pilier de la confiance en soi ;
- **célébrer** les réussites, les vôtres et surtout celles que vous êtes allés chercher en équipe. Ce sont des éléments bien concrets sur lesquels vous pourrez vous retourner et vous appuyer pour aller de l'avant quand ce sera moins facile ;

- **écouter** ce que les autres ont à vous dire. Eux aussi ont besoin de vous dire au revoir et de vous remercier, de tourner la page, surtout si vous avez collaboré pendant une longue durée et tissé une certaine intimité professionnelle ;
- **savoir reconnaître et accueillir les émotions** qui sont souvent plus fortes qu'on ne veut l'admettre à l'occasion d'un changement de poste : joie, nostalgie, tristesse, regrets, peur... Elles se mêlent ! Les accueillir et les exprimer, que ce soit en discutant avec des collègues ou en les posant par écrit, sont des manières de travailler votre intelligence émotionnelle. Cette intelligence est un indicateur essentiel pour favoriser le bien-être et la confiance de vos équipes dans le futur ;
- **apprendre à vous regarder de manière honnête et lucide** en acceptant vos qualités et vos imperfections. Bonne nouvelle, nous ne sommes pas parfaits, et un pot de départ est souvent une occasion de découvrir comment les autres perçoivent nos points forts aussi bien que nos petites imperfections, souvent relevées avec humour... Il est bon de se les entendre dire avec bienveillance car c'est un levier de confiance en soi et en même temps de vigilance. L'exercice nous invite à une posture d'ouverture à l'apprentissage.

## Et si l'emploi s'est terminé par un licenciement ?

- Cela n'empêche jamais de dire au revoir et de clôturer. Vous n'avez aucune raison de partir comme un voleur. Vos équipes et vos par tenaires ont besoin de ce rituel.
- Vous faites une pause pour comprendre ce qui s'est passé et ainsi éviter de répéter les erreurs précédentes.
- Vous prenez votre part de responsabilité mais pas davantage : ce licenciement a eu lieu dans un environnement donné. C'est votre rôle dans cet environnement qui est remis en cause, et non votre valeur personnelle.

**Emmanuel : « J'ai eu besoin de marquer mon départ. »**

Emmanuel avait quitté par la petite porte le groupe dans lequel il travaillait depuis six ans. Il ne s'était jamais remis de son licenciement brutal. Invité trois ans plus tard au pot de départ de son meilleur ami, qui travaillait dans le même groupe, il a réalisé à cette occasion ce qui lui avait manqué et l'empêchait de passer à autre chose. Il a décidé d'inviter ses ex-collègues dans un bar, à la date anniversaire de son licenciement, pour marquer officiellement son départ et les remercier pour le rôle qu'ils avaient joué à ses côtés pendant toute cette période.

# S'enraciner : se connaître pour être plus solide

## Savoir d'où l'on vient pour prendre sa place

Revenons sur l'exemple de Clémence prenant son nouveau poste dans un groupe d'agroalimentaire. Souvenez-vous, elle disait : « Je me demande si je suis encore à ma place dans ce groupe… ». Elle nous a avoué que, lorsqu'elle réfléchissait à la suite de sa carrière, cette question revenait… et qu'elle se trouvait incapable d'avancer.

Notre accompagnement en coaching, pendant plusieurs semaines, l'a aidée à lever sa difficulté. Nous avons découvert que son point de blocage fondamental était la dichotomie entre son origine bretonne rurale et ses choix d'adulte. Elle ressentait un conflit de valeurs entre ce que représentait sa famille (la campagne, l'authenticité rurale) et ce qu'elle incarnait (une Parisienne). Un conflit qui se manifestait à la fois par des relations compliquées avec sa famille, et par une mise en doute excessive de sa légitimité. Cet accompagnement a donné à Clémence l'espace pour se connaître et se reconnecter à ses origines, pour savoir vers où s'orienter, notamment grâce à l'outil de l'arbre de vie.

## L'arbre de vie

L'arbre de vie est un outil de pratique narrative. Créatif et visuel, il aide à raconter son histoire personnelle en se connectant à ses forces et aux aspects positifs de sa vie. En dessinant cet arbre et en y associant vos expériences et vos relations, vous pouvez mieux comprendre qui vous êtes, d'où vous venez et ce que vous voulez réaliser dans le futur. L'arbre est une allégorie de vous-même et de vos relations :

- **Les racines** représentent vos origines, d'où vous venez. Cela inclut votre passé, votre famille, vos traditions, les personnes importantes qui vous ont influencé. Nommer vos racines est une manière de reconnaître ce qui vous a construit.
- **Le tronc** représente vos compétences, vos talents et les choses que vous faites bien. Ici, vous identifiez vos qualités, vos valeurs et vos capacités personnelles, ce qui vous rend fort ou unique. Vos proches peuvent alimenter cette partie de l'arbre.
- **Les branches** symbolisent vos rêves, vos désirs, vos espoirs pour l'avenir. Elles permettent de réfléchir à ce que vous voulez réaliser dans la vie.
- **Les feuilles** représentent les personnes importantes dans votre vie, celles qui vous ont aidé, soutenu ou qui ont joué un rôle positif. Les feuilles vous permettent de vous souvenir des liens précieux que vous avez créés et également d'identifier les personnes sur lesquelles vous appuyer quand ce sera nécessaire.
- **Les fruits** sont les cadeaux ou les réalisations que vous partagez avec les autres, les contributions que vous apportez à votre entourage, à votre communauté ou au monde.

L'arbre de vie est un outil puissant pour ancrer la confiance, transformer les difficultés en forces et explorer votre histoire sous un angle positif.

En travaillant son arbre de vie, Clémence est allée chercher en elle-même les ressources et l'élan pour construire la suite. Voici ce qu'elle résume de ses racines : « Mes racines sont bretonnes, rurales et profondes. J'ai grandi avec le sens du travail bien fait, de la terre respectée, d'une certaine idée de la gourmandise simple et vraie. L'entreprise agroalimentaire dans laquelle je m'engage aujourd'hui porte ces mêmes valeurs : exigence, authenticité, respect du vivant. Une continuité évidente pour moi. » En ayant mis à nu ses racines, Clémence a pu échanger avec ses parents. Alors qu'ils lui reprochaient de s'être « perdue dans le monde parisien du marketing alimentaire », elle a pu répondre qu'elle se battait elle aussi pour « relier l'agriculture à l'alimentation : faire le pont entre le champ et l'assiette. Comprendre que derrière chaque produit il y a un animal, un sol, un éleveur, une saison. Et veiller à ce que personne n'oublie ce lien-là », et que si elle faisait ce métier, c'était finalement grâce à eux et aux valeurs qu'ils lui avaient transmises. Cet échange au terme d'un travail de connaissance de soi a permis à Clémence de dénouer son conflit de valeurs et de s'autoriser à travailler autre chose que la terre.

En ayant élaboré et assimilé cet arbre de vie, Clémence dispose d'une force pour prendre son nouveau poste : elle sait qu'elle est à la bonne place. Elle peut donc balayer les doutes sur sa valeur et sa légitimité, qui s'emparent d'elle dans la période délicate de son arrivée. L'arbre de vie est un objet tiers entre elle et la situation qu'elle vit ; une preuve qu'elle peut avoir confiance dans sa décision d'être là aujourd'hui. Connaître ses racines lui permet d'être solidement ancrée, d'être au clair avec sa raison d'être personnelle. Une force pour affronter les périodes d'instabilité comme les prises de poste : si Clémence avait réalisé ce travail en amont, elle aurait économisé bien de l'énergie et des nuits d'insomnie !

**Et vous, comment compléteriez-vous votre arbre de vie ?**

Commencez à renseigner chaque dimension de votre arbre. Idéalement, sollicitez un tiers bienveillant pour lui « raconter votre arbre ». Pour être efficient et réparateur, ce travail mérite le regard soutenant d'un professionnel formé à cet accompagnement.

## Aligner ses passions et ses compétences

À présent, vous comprenez combien il est important de regarder en arrière pour assimiler ses racines, ses valeurs, ses compétences et ainsi se sentir solide pour traverser avec confiance la période de prise de poste. Nous voudrions maintenant vous inviter à libérer votre pleine énergie en vous projetant dans le poste qui vous attend.

### L'outil de l'ikigaï

En quelques mots, trouver votre ikigaï, c'est trouver votre bonne raison de vous lever le matin pour aller travailler. Votre ikigaï est ce point central, au croisement des réponses aux questions suivantes :

- « Qu'est-ce que j'aime faire ? Quels sont mes goûts ? »
- « Où suis-je bon ? Quelles sont mes compétences ? »
- « Pour quoi puis-je être payé ? Quels revenus puis-je générer ? »
- « De quoi le monde a-t-il besoin ? Quel peut être mon impact ? »

L'ikigaï est un outil particulièrement intéressant en période de transition ou de reconversion professionnelle. Il permet de trouver votre « meilleure » place.

**Figure 1.2 : L'ikigaï**

**Dans chaque poste, il y a moyen de déployer son ikigaï.** Interrogez ce nouveau poste au prisme de votre ikigaï en vous demandant, par exemple :

- Qu'est-ce que j'aime faire dans ce poste que j'accepte ? Où vais-je me faire plaisir et m'amuser ?
- Quelles sont mes forces pour réussir à ce poste ? Sur lesquelles de mes compétences vais-je m'appuyer ?
- Pourquoi vais-je être payé ? Quelle est ma mission ? Où m'attend-on ?
- Quel impact positif puis-je avoir à ce poste ? dans cette entreprise ? dans cet écosystème ?

Se projeter ainsi permet de se connecter à sa joie et à la confiance. Généralement, nous nous projetons facilement dans notre « profession » qui, dans le schéma de l'ikigaï, est au croisement de nos compétences et de ce pour quoi nous pouvons être payés. Nous

nous interrogeons davantage sur notre « mission » (au croisement de nos compétences et des besoins du monde) et notre « vocation » (au croisement de nos goûts et des besoins du monde).

Ainsi, Pierre, cadre dans la grosse industrie agroalimentaire, se passionne pour les sujets d'agriculture raisonnée et d'alimentation biologique. Il a, jusque-là, occupé des postes de commercial terrain. Au moment où il prend son nouveau poste de *product manager*, il imagine lancer une gamme de produits bio. Ce projet lui donne de l'énergie. Cela le mettra en joie quand il le concrétisera dix-huit mois plus tard !

De la même façon, Frédérique a développé un goût profond pour le tissu associatif et soutient la cause de l'éducation des jeunes dans les banlieues. Au moment où elle prend son poste de DRH dans une banque, elle sent que le terreau va être favorable pour mener un projet qui réponde à sa « mission » dans le schéma de l'ikigaï : lancer avec d'autres entreprises une association qui facilite le recrutement des jeunes issus des quartiers défavorisés. Là encore, Frédérique n'a pas fait une révolution professionnelle, par exemple en quittant la banque pour une association. Elle est allée chercher dans son job le terrain pour déployer son ikigaï... et avoir au moins une bonne raison de se lever le matin pour aller travailler !

Être aligné avec sa raison d'être, épanoui à l'endroit même où l'on est compétent et payé, c'est aussi être un leader incarné ; c'est-à-dire entier, aligné, déployant ses talents pour ce qui compte à ses yeux. Cet épanouissement nourrit de toute évidence la confiance en soi et déteint sur les autres.

## Trouver et maintenir son équilibre

Prendre un nouveau poste est souvent un sprint. On veut faire ses preuves, montrer son engagement, répondre aux attentes.

Alors, on se rend disponible, on enchaîne les journées pleines, on s'implique à fond. C'est grisant. Mais au bout de quelques semaines une fatigue insidieuse peut s'installer. Moins de clarté, plus de tensions, un agacement qui monte sans raison apparente.

Comme un téléphone, nous avons une batterie. Et si nous omettons de la recharger, nous finissons par fonctionner en mode économie d'énergie, voire presque à plat : moins réactifs, moins présents, moins créatifs. La clé n'est pas de tenir coûte que coûte, mais d'apprendre à équilibrer ce qui nous vide et ce qui nous recharge.

Notre intention ici est de vous permettre de vous questionner et d'amorcer une prise de recul. Les pistes que nous partageons ci-dessous ne remplacent pas un travail individualisé avec un coach.

## Respecter ses saisons

La nature est pour cela un modèle inspirant. Rien n'y pousse en continu. Le printemps est une phase d'expansion, où tout bourgeonne et prend vie. L'été est un temps de maturation, où les fruits se développent. L'automne marque un ralentissement, une période de tri et d'allègement. Et l'hiver, souvent perçu comme une pause, est en réalité un temps fondamental de régénération, où tout se prépare sous la surface.

Et nous ? Respectons-nous ces quatre saisons ? Pour avoir un impact dans la durée, nous devons apprendre à alterner action et récupération. Et aussi accepter le fait que chaque période de notre vie professionnelle a son propre rythme. Après une phase intense de mise en place, un moment de respiration est nécessaire. Certaines périodes demandent plus d'effort et d'énergie, et pour les traverser sereinement, nous devons nous assurer d'avoir des ressources suffisantes.

Savoir dans quelle saison on se trouve, c'est mieux comprendre comment ajuster son rythme et ses besoins. **Demandez-vous où vous en êtes aujourd'hui :**

- Dans une phase de printemps, plein d'élan et d'idées, où tout semble possible ?
- En été, où il faut tenir le cap, stabiliser ce qui a été initié ?
- En automne, avec un besoin de ralentir, de prendre du recul, de simplifier ?
- En hiver, où un temps de récupération est nécessaire avant un nouveau cycle ?

## Connaître ses besoins pour rester au bon niveau de charge

Il ne s'agit pas simplement d'éviter ce qui nous épuise ou de se reposer en cas de fatigue. L'équilibre est un ajustement permanent. Chaque jour, nous puisons dans nos ressources et nous devons veiller à les renouveler. Notre équilibre se régule au quotidien entre ce qui nous « vide » et ce qui nous « recharge ».

Quelques exemples, que nous vous invitons à personnaliser :

- **« Ce qui me vide » :**
  - Des journées sans respiration. Des réunions enchaînées sans pause, à courir entre les mails, les messages, les urgences, sans jamais pouvoir développer une pensée complète.
  - Oublier mon corps. Rester assis dix heures d'affilée, sans bouger. Sauter un repas. Grignoter debout entre deux visios. Me coucher trop tard, me lever trop tôt. Faire comme si mon corps n'avait pas de limites.
  - Le lien sous pression. Répondre à des dizaines de sollicitations sans profondeur. Parler beaucoup, mais sans vraie connexion. Passer mes journées en interaction sans un seul moment de relation vraie.

- La perte de sens. Faire parce qu'il faut faire. Cocher les cases. Perdre le fil entre ce que j'accomplis et l'impact que je souhaite avoir.

• « **Ce qui me recharge** » :
  - Le sens. Prendre de la hauteur. Relier ce que je fais, ce que je suis et ce que je veux transmettre. Me sentir connecté à plus grand que moi.
  - Le recentrage. Des moments de silence. Des rituels du matin – écrire, marcher, lire. Une respiration consciente. Une vraie pause entre deux rendez-vous. Du calme pour retrouver ma clarté.
  - Écouter et respecter mon corps. Le sport, le mouvement, un sommeil régulier. Me relier à la terre. Marcher dans la nature. Sentir le vent, la lumière, le vivant autour de moi.
  - Les liens. Être avec ma famille, mes amis. Partager, rire, parler de ce qui compte.
  - La création. Écrire, cuisiner, dessiner, imaginer. Donner forme à une intuition. Créer, sans attente ni recherche de performance.

Si vous êtes dans une période où vous dépensez beaucoup d'énergie, alors vous devez veiller à augmenter vos temps de récupération. Si, au contraire, vous ressentez une forme d'inertie, peut-être avez-vous besoin de lancer des actions pour retrouver un certain élan ?

## Oser ralentir et économiser son énergie

Dans de nombreuses entreprises, être toujours disponible, toujours en mouvement, toujours sous pression est perçu comme un signe d'engagement. Répondre immédiatement aux mails, aux messages WhatsApp… tout est dans l'instantanéité. Pourtant, les meilleurs leaders savent ralentir au bon moment pour mieux repartir. Ils se donnent ce droit de protéger leur énergie.

Voici deux astuces pour ralentir :

- **Prendre la main sur votre agenda** : bloquez des plages de *deep work*, où vous pourrez avancer sans interruption, vous accorder de vraies pauses, sans culpabiliser, ajuster votre routine personnelle en fonction de vos besoins du moment.
- **Respirer mieux**, par exemple en recourant à la méthode de la cohérence cardiaque. Cette technique simple et efficace part du principe que notre respiration influence directement notre niveau de stress et notre clarté mentale. Comment faire ? La règle est le 3/6/5 : trois fois par jour, six respirations par minute pendant cinq minutes. En l'essayant, vous constaterez rapidement les effets de la cohérence cardiaque : baisse du stress, meilleure concentration, énergie plus stable.

Un manager ou dirigeant qui prend soin de son énergie envoie un message clair. Il montre que préserver son équilibre est essentiel pour travailler dans la durée. En s'autorisant cela, il est exemplaire pour son équipe.

## Se protéger : rester ancré et avoir confiance en soi

Dans certaines relations, les choses se jouent de façon implicite et au gré d'une manipulation subtile. Nous avons alors besoin de de garder une posture stable. Comment éviter de tomber dans le piège de l'émotion, de l'usure mentale ou du rapport de force ? Une approche structurante peut aider à naviguer entre ces tensions avec recul et intelligence.

Voici le cas de Sophie : elle et son directeur Marc ont longtemps travaillé côte à côte, partageant des victoires et des défis. Pendant toute cette période de leur carrière, ils se comprenaient d'un regard, riaient des mêmes anecdotes. L'entraide coulait de source. Marc a connu une ascension fulgurante. Quelques années plus tard, il lui propose un joli poste dans son équipe, qu'elle accepte avec enthousiasme. Mais depuis que Sophie a été promue, quelque chose s'est brisé. Ce qui était spontané est devenu calculé. Les silences ont pris la place des échanges sincères. Une distance imperceptible mais bien réelle s'est installée. Son directeur semble toujours ailleurs. Il reporte leurs rendez-vous sans explication, tarde à valider ses dossiers, et parfois change totalement de position du jour au lendemain, sans logique apparente. Il lui coupe la parole en réunion, minimise ses réussites et détourne le regard quand elle parle. Le pire est qu'il ne dit jamais clairement ce qui ne va pas. Tout passe par des sous-entendus, des délais interminables, des décisions incohérentes. Sophie n'est pas naïve. Elle sait qu'elle dérange. Trop visible auprès des actionnaires, trop efficace, trop reconnue. Son directeur semble voir en elle une rivale plutôt qu'une collaboratrice. « Il veut me garder sous contrôle, mais sans jamais prendre position ouvertement. C'est une guerre froide où chaque obstacle est posé avec soin, sans laisser de traces. »

Sophie oscille entre incompréhension et amertume. Elle voudrait poser les choses à plat, retrouver la fluidité d'antan, mais chaque tentative se heurte à une muraille invisible. Confronter son directeur ? Ce serait risqué. Il sait jouer avec les mots, manier le doute, renverser la charge de responsabilité. Mais se taire, c'est laisser s'effriter ce qu'elle a construit. C'est voir son espace rétrécir, ses décisions s'effacer, et son rôle se diluer peu à peu. Elle avance en terrain miné, consciente que la moindre erreur sera exploitée contre elle. Chacun de ses faux pas est scruté.

Pour désamorcer les jeux de pouvoir et préserver son intégrité, il peut être utile d'utiliser les « accords toltèques » : un ensemble de principes issus de la sagesse toltèque, une ancienne civilisation mésoaméricaine, et popularisés par Don Miguel Ruiz dans son livre *Les Quatre Accords toltèques*, publié en 1997. Il propose des lignes directrices simples pour mener une vie plus libre et harmonieuse. Sans être une solution magique, ils apportent des repères précieux, un point d'ancrage pour traverser les moments délicats avec plus de sérénité. La clé réside moins dans l'idée de « gagner » une relation que dans celle d'apprendre à la vivre différemment : s'affirmer sans s'épuiser, poser un cadre sans se rigidifier, garder son intégrité sans entrer en lutte.

## Les accords toltèques, un guide pour avancer sereinement

Issus de la sagesse ancestrale, les accords toltèques offrent un cadre puissant pour naviguer avec sérénité dans des relations complexes, notamment en prise de poste. Leur application permet de prendre du recul, de désamorcer les tensions et d'adopter une posture plus équilibrée face aux jeux de pouvoir et aux conflits latents. Ils reposent sur quatre principes :

1. « Que votre parole soit impeccable. »
2. « N'en faites pas une affaire personnelle. »
3. « Ne faites aucune supposition. »
4. « Faites toujours de votre mieux. »

En prise de poste, les quatre accords toltèques peuvent aussi vous servir de balises pour tracer votre route sans « vous prendre les pieds dans le tapis ». Ne les considérez surtout pas comme un dogme à respecter coûte que coûte... mais « faites de votre mieux » !

**« Que votre parole soit impeccable. »** Les mots ont un pouvoir immense. Ils peuvent apaiser ou envenimer une situation.

- Parlez avec intégrité et congruence.
- Dites à chacun ce que vous pouvez lui dire (rien de plus, rien de moins).
- Évitez d'utiliser la parole contre les autres ou contre vous-même.
- Bannissez les sous-entendus, fuyez les rumeurs.
- Rapportez uniquement les propos fiables.
- Trouvez le ton qui crée la confiance.

**« N'en faites pas une affaire personnelle. »** Ce que les autres disent ou font est une projection de leur réalité. Se le rappeler évite bien des souffrances.

- Prenez du recul pour mieux comprendre ce qui est en jeu sans vous laisser happer par l'émotion.
- Cherchez les bonnes raisons qu'ont les autres de faire ce qu'ils font et de dire ce qu'ils disent.
- Faites la part entre les feedbacks objectifs, constructifs et les remarques gratuites, non fondées.

**« Ne faites aucune supposition. »** Cela mène souvent à des incompréhensions et des conflits (voir chapitre 3).

- Ayez le courage de poser des questions : « Quand il y a un doute, pas de doute », il faut interroger !
- Clarifiez les situations : ainsi vous ouvrez la porte au dialogue au lieu de vous enfermer dans des croyances erronées.
- Écoutez vraiment (au lieu d'interpréter ou de penser à la réponse que vous ferez).
- Exprimez ce que vous voulez (au lieu de supposer qu'on le devinera ou que c'est une évidence).

**« Faites toujours de votre mieux. »** Votre « mieux » change d'instant en instant, selon votre état physique et émotionnel.

- Avancez avec sincérité, sans chercher la perfection et en composant avec l'existant (voir chapitre 3).
- Soyez exigeant envers vous-même, sans vous juger.
- Acceptez que certaines journées soient plus fluides que d'autres.
- Souvenez-vous que chaque effort compte pour s'améliorer en continu.

Les accords toltèques n'ont pas changé Marc, mais ils ont aidé Sophie à se concentrer sur ce qu'elle peut maîtriser. Elle ne cherche plus à comprendre les intentions floues ou à interpréter les silences, elle se limite aux faits : il reporte les réunions, elle prend note. Il lui coupe la parole en réunion ? Elle ne réagit pas à chaud mais attend que le calme revienne. Il minimise ses résultats ? Elle envoie un mail factuel en mettant en copie les parties prenantes concernées : « Comme prévu, le plan a été finalisé dans les délais. Les retours clients sont positifs, les KPI sont au vert. » Elle s'ancre dans ce qu'elle réalise concrètement et dans ce qu'elle choisit de dire. Elle renforce ses appuis auprès de son N + 2, dans l'équipe, auprès de ses pairs, chez ses clients internes et externes. Elle a cessé d'espérer un retour à la relation d'avant, mais cherche à tenir un cadre qui lui permet de ne pas s'épuiser ni se perdre dans le jeu des émotions.

## Si je suis le N + 1 du manager en prise de poste, mon focus : créer un cadre sécurisant

La tentation est grande – et l'erreur fréquente –, d'attendre qu'un nouveau collaborateur fasse ses preuves avant de lui accorder de la légitimité. Pourtant, ce réflexe réduit considérablement ses chances de succès.

Si je suis le N + 1 du nouveau collaborateur, mon rôle est clair : je crée les conditions pour qu'il se sente légitime dès le départ. Je dis publiquement : « Je lui fais totalement confiance. » Je le présente comme la bonne personne pour le poste en ne manquant aucune occasion de citer les talents pour lesquels je l'ai choisi. Je m'engage, devant l'équipe, à le soutenir.

Je clarifie aussi les attendus, car rien ne complique davantage une prise de poste qu'une absence de repères. En posant un cadre clair, je permets au nouveau manager de se sentir en sécurité et de se concentrer sur l'essentiel : prendre sa place avec justesse, sans perdre d'énergie à décoder ce que j'attends de lui.

Je reste attentif à mes biais et à mon niveau d'exigence pour ne pas laisser un mot, un geste ou une décision entamer, à tort, la confiance que j'ai affichée.

Je sais que, dans ces premières semaines, tout ce que je fais ou ne fais pas va compter double. Je suis donc modélisant. En assumant sa légitimité, je lui donne le droit de l'assumer lui aussi.

Chapitre 2

# DU CHEF ISOLÉ AU LEADER ALLIÉ

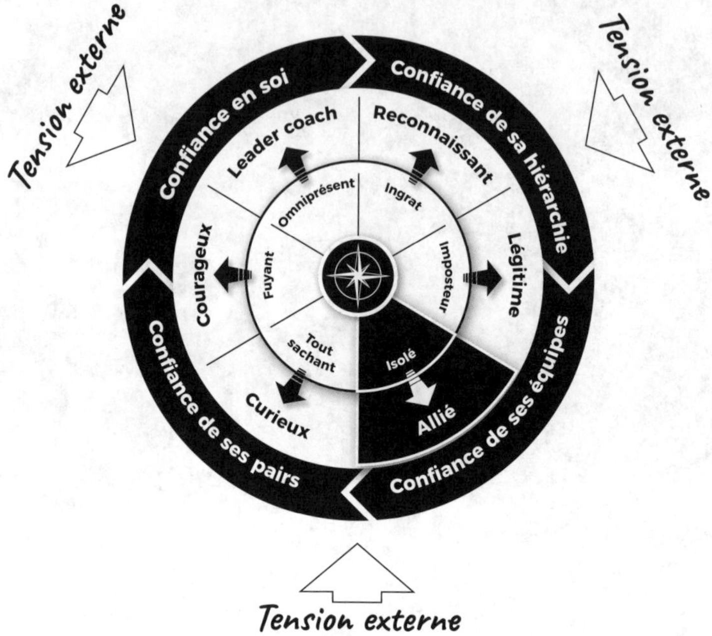


Derrière l'excitation du nouveau poste, il y a souvent un sentiment discret mais profond de solitude. Même en cas de changement en interne, les repères bougent, voire se dissolvent, et il faut en trouver de nouveaux : appuis, alliés, habitudes, codes implicites à décrypter, etc.

Ce chapitre explore le moment de bascule : celui où le manager abandonne le réflexe protecteur d'isolement et s'ouvre aux autres, pour construire des alliances, identifier et solliciter ses soutiens. Un leader allié ne cherche pas à tout porter seul, ni à être aimé de tous. Il sait reconnaître les forces autour de lui, écouter, donner sa confiance.

S'il est difficile pour vous d'aller vers les autres et de leur faire confiance, peut-être avez-vous besoin de développer davantage votre confiance en vous : revenez au chapitre 1. Il vous aidera à consolider cette assise intérieure, indispensable pour tisser des liens solides autour de vous.

# Sortir de la solitude de situation

## Être ou ne pas être connecté

Nicolas, ingénieur issu d'une grande école, est manager dans une entreprise de technologie. Il a pris ses fonctions de façon exemplaire sur le plan technique. Dossiers impeccables, des KPIs en hausse continue, objectifs systématiquement atteints : il maîtrise parfaitement son domaine. Sa base technique est inébranlable. Mais quelque chose coince. Nicolas reste distant, peu engageant. Pas de sourires, peu d'enthousiasme, et aucune vraie connexion avec son équipe directe ou avec son environnement.

Notre travail de coaching permet de mettre à jour un angle mort : Nicolas s'ennuie. Il s'ennuie très souvent, depuis toujours ! Hyper rapide, il comprend tout très vite et a du mal à supporter la lenteur du rythme des autres. Comme il est poli et a une forte valeur de respect, il les écoute, leur laissant le temps de développer leur pensée, leur proposition, leur présentation. « C'est gentil, mais c'est long ! » Parce qu'il s'ennuie, Nicolas se ferme. Pas de questions à ses équipes, pas de confrontation pour demander de stopper les présentations trop délayées. Les autres disent qu'il « tire la tronche ». Il est en réalité juste déconnecté. C'est sa façon de se protéger de l'ennui. Échanger avec ses pairs, boire des verres avec ses collègues ou faire des « ronds de jambes » dans les événements de son secteur ne sont pas non plus dans son tempérament. L'essentiel est de tracer sa route et de performer. Il donne ainsi l'image d'un chef brillant mais isolé.

Plus vous avancez dans votre parcours de leader, plus votre solitude devient tangible. Coincé entre les attentes de votre hiérarchie et les besoins de votre équipe, vous prenez souvent des décisions cruciales seul. Qu'il s'agisse de réorganiser, d'évaluer ou de fixer des objectifs, les choix vous incombent. Vous portez cette responsabilité sans toujours pouvoir discuter librement de vos préoccupations. Pendant que vos collaborateurs échangent et partagent leurs inquiétudes, vous ressentez parfois une difficulté à exprimer vos doutes, par crainte de compromettre la confiance qu'ils placent en vous. Votre rôle dans les évaluations, promotions et augmentations complexifie encore les relations au sein de l'équipe : comment être sûr de la sincérité des marques de soutien que vous recevez ? Comment créer des liens, établir des relations authentiques ? Sur qui vous appuyer ?

Si cette solitude est, pour une part, liée à votre situation managériale, elle ne vous condamne pas à vivre déconnecté. Rester seul, c'est vous mettre en danger, vous et votre équipe, qui a besoin d'un leader rayonnant pour l'embarquer et la mettre en lumière.

## Le code PIN de la réussite

Pour parler de la réussite des managers, et notamment pour les femmes, Cécile Béliot, CEO du groupe Bel, parle du « code PIN », acronyme reprenant les initiales de trois dimensions à combiner : performance, image et *networking*. Certains se surinvestissent en se disant : « Si je suis très performant, on va me remarquer et je vais grandir. » Certes, la performance joue beaucoup au démarrage d'une carrière. Ensuite, et surtout dans un poste de manager, ce sont les deux autres lettres qui comptent. Développons.

- **P comme performance.** Les objectifs sont importants, bien sûr. Mais la manière dont ils sont atteints comptent tout autant que le résultat. Très souvent, le manager en prise de poste se concentre sur l'obtention rapide de résultats tangibles. Il pense les chiffres suffisants pour obtenir la confiance de son N + 1, de son équipe et de toutes les parties prenantes. Pourtant, un excellent manager peut échouer non pas faute d'avoir livré ce qu'on attendait de lui, mais parce que personne ne l'a su ou reconnu. Un manager qui réussit a compris que les chiffres ne parlent pas seuls. Il sait aussi que la mesure des résultats dépasse leur performance immédiate : elle inclut l'impact sur l'équipe, la dynamique insufflée (le *how*) et la vision portée (le *what*).

- **I comme image.** Votre image n'est pas juste une question de communication, c'est la perception que les autres ont de votre leadership. Cultiver votre image, ce n'est pas faire votre autopromotion, c'est rendre visible l'entreprise dans laquelle vous travaillez. C'est faire savoir ce que vous avez fait et ce que vous en avez tiré pour que l'impact de votre action rejaillisse au-delà de votre équipe.
- **N comme *networking*.** Dans *networking*, il y a *work*. Et *work*, c'est du travail ! Créer et entretenir son réseau fait partie intégrante de votre job. Trop souvent, pendant les cent premiers jours d'une prise de poste, nous entendons : « Je me concentre d'abord sur les urgences. J'aurai le temps de rencontrer les bonnes personnes plus tard. » C'est une erreur stratégique, car votre réussite ne dépend pas uniquement de ce que vous savez faire, mais également de votre capacité à bien vous entourer. Plus loin dans ce chapitre, nous vous donnerons des clés concrètes pour construire un réseau solide et stratégique.

En concentrant toute votre énergie sur les résultats, vous faites comme Nicolas dans notre exemple : vous délaissez votre image et votre réseau. Or vous risquez ainsi d'aggraver votre solitude.

## Penser son empreinte

On croit souvent que les grands leaders dégagent naturellement quelque chose de fort. Comme si leur présence, leur impact, leur influence étaient innés.

Derrière chaque leader inspirant, il y a une *personal brand intention* : beaucoup de travail, une stratégie et un savoir-faire, la maîtrise des signaux envoyés, des relations tissées et de l'empreinte laissée. Être un leader fort, puissant et aligné ne tient jamais du hasard. Cette présence se construit dans la durée.

Que vous le vouliez ou non, en tant que manager vous allez laisser une empreinte. Très vite, les premières interactions façonnent votre image. Que vont dire les équipes après votre première réunion ? « Elle a l'air sûr d'elle, elle sait où elle va » ? « Il est simple, accessible » ? « Il est distant, pas sûr qu'il nous écoute » ? Votre présence envoie un message, consciemment ou non. Demandez-vous quelle empreinte vous voulez laisser.

## Soignez votre image dès le premier jour

Lors de vos premières apparitions et interventions, l'entreprise, vos collaborateurs, vos pairs et votre hiérarchie vous observent de près. Attention à vos gestes, vos regards, vos paroles. Tout va être amplifié et interprété : tenue vestimentaire, horaires de travail, ton et forme des messages, choix de vos lieux et partenaires de déjeuner, etc. Rien n'échappera à la curiosité et aux commentaires. Chaque détail contribuera à construire votre image. Soyez le plus ajusté possible à votre *personal brand intention*.

Guillaume raconte sa première interaction avec des équipes égyptiennes : « J'ai pris un poste de directeur commercial en Égypte dans un contexte de joint-venture franco-égyptienne. Deux mois avant de commencer, j'étais au Royaume-Uni sans possibilité de faire des allers-retours sur place pour rencontrer en *one-to-one* mes futurs collaborateurs. Je savais que ma première exposition se ferait devant l'ensemble de l'entreprise. Je me suis demandé comment me connecter au plus vite à chacun et j'ai décidé que je m'adresserais à eux en arabe – une langue dont je ne parlais pas un mot… ! J'avais deux mois : j'ai contacté un professeur et j'ai élaboré en arabe mon discours de présentation, que j'ai appris à réciter en visualisant cette première interaction. Le jour J, alors que chacun avait pris la peine de se présenter à moi en anglais, j'ai fait ce court discours en arabe. Après m'être adressé à tous, je me suis tourné vers les équipes commerciales que j'allais manager pour leur dire : "J'ai commencé comme vendeur, je suis comme vous, je connais votre métier." Je voulais qu'ils sentent que je suis un commercial, que j'adore la vente et qu'ils entendent mon intention de faire progresser le collectif. Mon audace a eu un effet incroyable : j'ai acquis immédiatement la confiance des équipes ! Trois ans après, le jour de mon départ, le CEO m'en parlait encore... »

Le talent de Guillaume est d'avoir anticipé cette première interaction et de s'être demandé ce qu'il voulait montrer de lui pour donner envie de le suivre. Il a d'emblée posé le sceau d'une marque « Guillaume », qui inspirait la collaboration.

**Posez-vous ces questions :**

- « Quelle est la marque que je veux laisser ? »
- « Qu'aimerais-je que les collaborateurs disent dans les couloirs en parlant du nouvel arrivant ? »
- « Quels attributs doivent-ils percevoir ? »
- « Quelle intention doivent-ils retenir ? »

Et gardez ce cap, sans forcer vos traits mais en vous révélant vraiment sous les facettes que vous souhaitez montrer.

## S'adapter sans se perdre

Quand vous prenez un poste, vous entrez dans un jeu d'influences réciproques : vous et l'entreprise vous façonnez mutuellement. Comprendre les codes ne signifie pas s'y soumettre, mais ajuster votre posture intelligemment. Vous êtes aussi observé sur cette capacité. L'entreprise ne vous a pas recruté pour que vous disparaissiez dans le décor. Elle attend de vous que vous trouviez la bonne résonance entre qui vous êtes et ce nouvel environnement. Une fois intégré, vous pourrez assouplir les règles, affirmer votre style, prendre plus de liberté. Mais au début, mieux vaut sentir le terrain et capter ce qui est en place avant d'y inscrire votre propre marque.

Travailler ensemble, oui. Disparaître derrière l'autre, non. Se positionner en solo, encore moins. Trouver cet équilibre, c'est comme danser avec un partenaire. Trop éloignés, on ne crée pas de connexion ; trop proches, on se marche sur les pieds. **L'harmonie se crée dans l'écoute mutuelle et l'ajustement constant.**

La Gestalt, une approche thérapeutique qui met l'accent sur les interactions entre un individu et son environnement, éclaire bien cette réalité. Ainsi, en prise de poste, vous n'êtes pas une entité isolée : vous évoluez dans un système, un contexte, une culture auxquels il faut vous ajuster. Vous avez deux options, que la Gestalt appelle « l'ajustement conservateur » et « l'ajustement créateur ».

## L'ajustement conservateur est un mouvement figé

Il peut se traduire en prise de poste de trois manières :

- La confluence : « Je ne me distingue pas de l'environnement, je me fonds dedans ; tout se passe bien, je n'ai rien à dire, je fais comme les autres. »
- L'introjection : « Je gobe et copie les normes ou règles, sans les questionner. » (par exemple, les horaires, les codes, les valeurs de l'entreprise.)
- La rétroflexion : « Je retiens ce que j'aurais envie d'exprimer ou de faire, et je retourne cette énergie contre moi. Au lieu d'oser dire et d'agir, je me contiens. Je me réfrène et je rumine… »

Ces ajustements conservateurs peuvent être utiles au début : ils permettent de sécuriser les premiers pas, de s'intégrer sans trop déranger. Mais s'ils deviennent un mode de fonctionnement durable, ils finissent par vous couper de vous-même, de votre impact et de votre authenticité.

## L'ajustement créateur est un mouvement vivant

Il correspond à cette situation : « J'interagis avec mon environnement de manière consciente : j'observe, j'expérimente, j'ajuste... et peu à peu je me transforme autant que je transforme mon environnement. »

L'ajustement créateur, selon la Gestalt-thérapie, désigne votre capacité à vous adapter sans vous dissoudre. En prise de poste, ce principe est clé : il ne s'agit ni de se conformer aveuglément, ni de s'imposer brutalement, mais d'apprendre à jouer avec les règles pour mieux les faire évoluer. Loin d'être figé, l'ajustement créateur est un processus vivant, itératif. Il repose sur cinq dynamiques :

1. **Observer les codes et dynamiques en place.**
2. **Expérimenter des approches et voir comment elles résonnent.**
3. **Ajuster sans se renier.**
4. **Interagir avec intention.**
5. **Faire évoluer l'ensemble progressivement.**

Ce processus permet d'éviter deux écueils : celui de trop se conformer et devenir invisible, et celui de trop bousculer et devenir un corps étranger. L'enjeu est donc de naviguer avec souplesse et intention, en intégrant l'existant tout en y apportant votre propre valeur. Vous intégrer sans vous perdre, influencer sans heurter, transformer sans brusquer.

# Construire ses alliances

Beaucoup de managers attendent d'avoir un problème pour se constituer un réseau de soutien. C'est souvent trop tard ! Le réseau est un levier d'influence et d'apprentissage. Nous croyons en un réseau authentique : un réseau efficace se construit sur des relations sincères, fondées sur la générosité, l'ouverture et l'intérêt réel pour l'autre. Rien à voir avec une stratégie « calculée » d'un réseau élaboré par opportunisme ou démarches intéressées. C'est avant tout une histoire d'hommes et de femmes, de conversations enrichissantes et de confiance mutuelle. Ce sont ces liens, tissés dans la durée, qui feront la différence.

## Cultiver son réseau externe

Dès votre arrivée confirmée, laissez parler votre curiosité et prenez le temps d'échanger avec ceux qui peuvent vous éclairer :

- Qui, parmi vos anciens collègues ou contacts, connaît l'entreprise ou le secteur ?
- Avez-vous des relations qui peuvent partager leur perception de la culture et des dynamiques internes ?
- Qui pourrait vous offrir un regard utile et inspirant sur votre futur rôle ?

Cultivez des connexions sincères : créer du lien, ce n'est pas « utiliser » les autres, mais construire des relations réciproques et naturelles, fondées sur l'échange et le partage. Vos alliés peuvent être :

- des collègues expérimentés qui connaissent les rouages internes ;
- d'anciens collaborateurs qui ont travaillé avec certains de vos futurs interlocuteurs ;

- des mentors ou coachs qui vous aident à prendre du recul ;
- des partenaires, clients ou amis du secteur, qui vous apportent un regard extérieur enrichissant.

### Utilisez intelligemment LinkedIn

LinkedIn est un formidable levier, à condition d'être utilisé avec subtilité. C'est une ressource précieuse pour élargir et activer votre réseau, en l'utilisant avec authenticité et finesse. Quelques bonnes pratiques :

- Soignez votre profil : il doit refléter qui vous êtes et ce qui vous passionne, pas juste une liste de compétences.
- Soyez actif intelligemment : likez, commentez et partagez du contenu qui vous parle.
- Ne demandez jamais directement, mais ouvrez la porte : lorsqu'on sollicite son réseau, la meilleure approche n'est pas de demander une aide directe, mais d'inviter la personne à partager ses contacts. Une question simple et efficace : « Connais-tu quelqu'un qui pourrait m'aider sur ce sujet ? ». Cela évite de mettre la personne dans l'embarras si elle n'a pas la réponse et cela lui laisse le temps de réfléchir à la pertinence de vous mettre en connexion avec ses propres contacts.

**Astuce :** Prenez plaisir à utiliser LinkedIn comme un espace de lien et de conversation, et non comme un outil transactionnel. **Un réseau fort, c'est avant tout un réseau vivant.**

## Tisser son réseau interne

### Chris : « Perdre du temps à en gagner. »

Chris vient de décrocher le poste de responsable marketing qui concrétise ses rêves. Elle a investi toute son énergie pour trouver l'entreprise et le job en accord idéal avec ses passions, ses ambitions et ses valeurs. Elle a activé son réseau pour bien comprendre la culture de l'entreprise et négocié un contrat « en or ». Tout semble donc parfaitement aligné. Pourtant, dès le premier mois dans ce nouveau rôle, Chris commence à douter. Que s'est-il passé ? Emportée par l'excitation d'avoir décroché le poste de ses rêves et dans un désir d'être immédiatement opérationnelle, Chris s'est concentrée à 100 % sur les relations avec son N + 1 et son équipe directe, négligeant d'autres personnes tout aussi essentielles. Pendant notre accompagnement de coaching, Chris prend conscience que sa plus grande faiblesse dans cette nouvelle entreprise est son réseau limité et sa difficulté à demander de l'aide. Elle va donc ajuster ses priorités et rencontrer au plus vite les influenceurs clés de l'entreprise. Bien sûr, elle doit gérer la sensation frustrante de ralentir et de « perdre du temps » dans des rendez-vous qui ne lui semblent pas directement efficaces, alors qu'elle est confrontée à de nombreuses urgences opérationnelles. Mais elle saisit rapidement l'importance de ces échanges en face à face, qui posent les bases d'une relation de confiance durable. Ce ralentissement stratégique lui permettra de gagner un temps précieux à l'avenir et de s'intégrer avec succès au sein de l'entreprise.

## Prendre le temps des rencontres

En arrivant à votre poste, vous allez passer par cette phase de rencontres multiples. Elle est incontournable car vous avez besoin de connaître les différents acteurs, leurs enjeux et leur influence. Comment comprendriez-vous l'écosystème sans connaître tous les niveaux de l'entreprise ? Pour éviter de multiplier les rendez-vous sans en tirer véritablement parti, construisez une stratégie de rencontres :

- **Identifiez les personnes à rencontrer à chaque niveau de l'organisation** (en plus des membres de votre équipe et de vos *alter ego*). Au-delà des acteurs clés de votre écosystème, repérez aussi les réseaux informels qui influencent réellement les décisions. Commencez, par exemple, par cerner votre

« réseau stratégique » : listez les dix personnes qui influencent directement la réussite de votre prise de poste. Vous pourrez ensuite élargir progressivement votre liste à d'autres parties prenantes, par exemple en demandant conseil à votre N + 1 ou à vos premiers interlocuteurs (« Qui me conseilles-tu de rencontrer en priorité pour en savoir davantage sur tel sujet ? »).

- **Clarifiez l'intention de chaque rencontre :** pourquoi prenez-vous un temps avec chacun ? Quelle est votre intention ?

De façon pratique, dressez un tableau qui vous permettra d'avoir une vision d'ensemble de ces rencontres et de les prioriser dans votre agenda. Nous remplissons la première ligne de ce tableau (ci-dessous) avec un exemple : imaginez que vous prenez un poste de DRH en France et que votre N + 1 vous demande de rencontrer Anne, la VP HR Afrique. Vous devez challenger cette proposition : pourquoi rencontrer cette collègue *a priori* assez loin de votre périmètre ? Qu'attendre d'elle ?

**Tableau 2.1 : Prévoir ses rencontres**

| Nom | Fonction | Pourquoi le rencontrer ? | Que puis-je en attendre ? |
|---|---|---|---|
| Anne X | VP HR Afrique | A tenu mon poste de RRH France il y a cinq ans. | – Des feedbacks sur ma nouvelle équipe<br>– Des clés sur le fonctionnement de ma N + 1 (elles se connaissent bien)<br>– Des réflexions sur l'organisation qu'elle avait initiée mais non achevée |
| ... | | | |

Plus votre intention sera claire, plus vous ressortirez de cette rencontre avec une idée précise de l'impact de cette personne sur votre carrière et de son influence dans l'organisation. Au fur et à mesure de vos rencontres, complétez cette matrice impact/influence en positionnant chacun dans le cadran adéquat.

**Figure 2.1 : La matrice impact/influence**

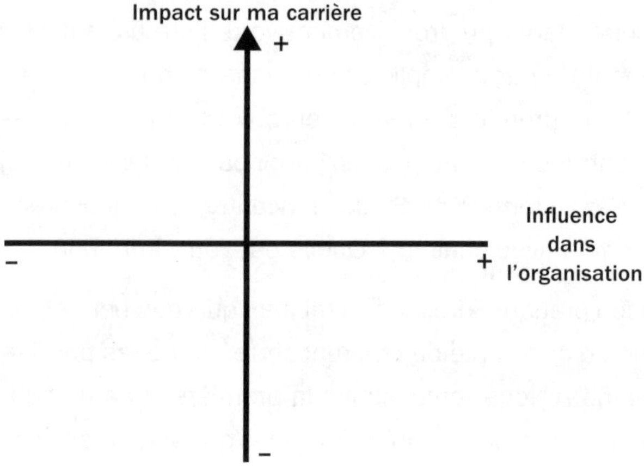


Vous pouvez ensuite établir un plan d'action en cohérence avec ce *mapping* : vous saurez ainsi quel niveau d'énergie insuffler dans vos relations, quelles alliances cultiver en priorité et comment.

**Figure 2.2 : Entretenir ses alliances**

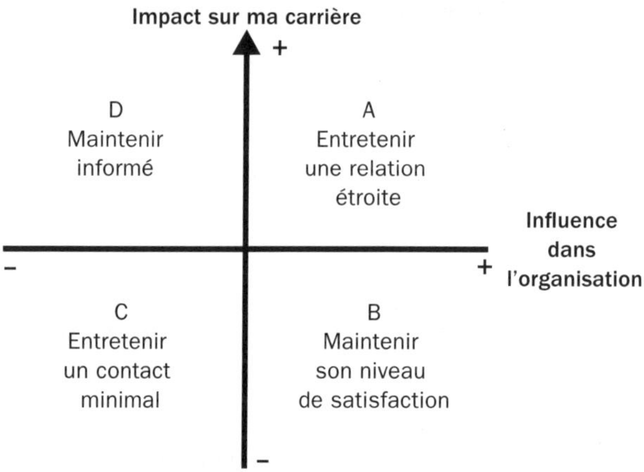

## Comment cultiver le lien avec les alliés inatteignables ?

Il est parfois compliqué d'atteindre au quotidien vos alliés de la case A du schéma ci-contre. Soyez prêt et audacieux ! Ayez en réserve des « pépites » à partager avec eux sur ce que vous faites, les projets que vous menez, les avancées de votre équipe, les événements auxquels vous participez, vos *benchmarks*, les articles de presse que vous avez lus, etc. Un bon conseil : demandez-vous chaque semaine quelle est cette pépite dont vous pourriez parler en une minute dans l'ascenseur ou la queue de la cantine pour éviter de vous contenter d'un « bonjour », et au contraire laisser une empreinte. Bien sûr, tout cela avec nuance, en combinant audace et humilité (sinon, vous passerez pour un vantard et ruinerez votre réputation !). Et si vraiment les occasions de croiser ces alliés sont trop rares, visez moins haut : cultivez la relation avec ceux qui ont accès à eux !

## S'appuyer sur son réseau pour rayonner

De manière générale, communiquez sur ce que vous faites. Si vous ne racontez pas votre travail, quelqu'un d'autre le fera à votre place... et pas forcément de la bonne manière ! Partagez vos avancées, mettez en avant vos équipes, donnez du sens aux résultats obtenus. Ayez ce rayonnement cohérent, qui repose sur un alignement entre :

- ce que vous faites (actions, décisions, résultats) ;
- ce que vous dites (discours, messages) ;
- ce que vous dégagez (posture, énergie, manière d'être).

Un manager qui travaille dans l'ombre, même avec d'excellents résultats, peut se retrouver invisible aux yeux des décisionnaires. **Le rayonnement n'est pas de la « com », c'est de la clarté que vous apportez sur votre action et de la confiance que vous inspirez.**

## Solliciter des soutiens

Parfois, le poids des responsabilités et la pression de la performance paraissent accablants et renforcent le sentiment d'isolement dont nous parlions en début de chapitre. Il est alors crucial d'aller chercher des ressources spécifiques comme un buddy, un mentor ou même un coach. Ces appuis sont des leviers puissants pour sortir de l'isolement. Avec eux, vous pouvez aborder sereinement vos doutes, la complexité des enjeux stratégiques et la gestion de vos priorités et ressources. Ils vous guident pour décrypter les règles non écrites de l'organisation, les codes de fonctionnement, les organigrammes officieux, etc. Leurs compétences complémentaires éclairent vos zones d'ombre et vous aident à affiner vos décisions.

Si votre organisation prévoit ces dispositifs et que vous en ressentez l'envie ou le besoin, parlez-en à votre N + 1 ou à votre DRH. Sinon, vous pouvez vous-même solliciter un mentor de votre réseau (interne ou externe) et faire appel à un coach.

### Un buddy

Le buddy est un parrain au sein de l'entreprise, qui vous accompagne dans votre intégration. Cet accompagnement informel par un pair dure environ quatre mois. Les rencontres ne nécessitent aucun cadrage particulier. Vous pourrez compter sur lui. Il sera à la fois :

- un guide pour vous orienter dans les premières semaines, vous aider à comprendre comment les choses fonctionnent dans votre environnement (processus, outils, habitudes), notamment les codes de l'équipe et de l'entreprise ;
- un soutien amical à qui soumettre sans gêne des questions « basiques », des interrogations pratiques du quotidien ;
- une clé d'entrée pour tisser des liens avec vos collègues : votre buddy créera des connexions rapides et informelles.

### Un mentor

Contrairement au buddy, le mentor est nécessairement un professionnel plus senior que vous et plus aguerri, mais sans lien hiérarchique avec vous. Il accepte de vous accompagner pendant environ six mois, en adoptant une posture de questionnement et de conseil. Le dispositif de mentoring est idéal pour :

- ouvrir des perspectives stratégiques : votre mentor vous sert de boussole pour naviguer dans des enjeux plus larges et complexes que votre périmètre ;
- partager des expériences qui permettent d'anticiper vos défis : sa séniorité l'autorise à vous livrer des conseils concrets issus d'un vécu comparable au vôtre ;
- élargir votre réseau et votre influence : votre mentor peut vous donner accès à son réseau pour accélérer votre montée en puissance dans votre poste.

## Les cinq clés de succès du mentoring

Un mentor n'est pas là pour coacher, enseigner, contrôler ou manager ! Il entre avec vous dans une démarche d'ouverture et de gratuité : accueillir vos doutes et questions pour vous aider à réussir dans la durée et progresser. Ce mentorat fonctionnera à la condition que soient respectés cinq prérequis.

1. **Une relation de confiance.** Un bon mentorat repose sur une confiance mutuelle entre vous et votre mentor. Idéalement, le mentor doit être validé ou reconnu par votre N + 1. Cela permet d'assurer qu'Il puisse vous aider à naviguer habilement dans l'organisation et à décrypter les processus informels.
2. **Un cadre clair. Définissez ensemble les bases de votre collaboration :**
   - Quel est l'objectif ?
   - À quelle fréquence vous rencontrerez-vous ?
   - Quels seront les sujets abordés ?
   - La confidentialité des échanges est-elle garantie ?

3. **De l'écoute et du partage d'expérience.** Un mentor n'est pas là pour imposer sa vision mais pour poser les bonnes questions, vous aider à prendre du recul et ouvrir des pistes de réflexion. Il partage ce qui a fonctionné, ce qui a échoué et les leçons qu'il en a tirées, sans jamais dire « Fais comme moi, c'est la seule voie. » Vous seul décidez de vos choix.
4. **Un échange gagnant-gagnant.** La relation mentorale est enrichissante des deux côtés : le mentor apprend aussi de son mentoré. Un regard neuf, une nouvelle génération, d'autres façons de voir les choses... Chacun y gagne !
5. **Un engagement mutuel.** Un mentorat efficace demande l'implication des deux parties. Cela signifie que vous devez :
   - être disponible et assidu aux échanges (qui peuvent être des déjeuners informels) ;
   - mettre en application les conseils donnés ou pistes explorées ;
   - faire preuve de transparence sur ses défis et avancées.

## Un coach

Le coach est un professionnel de l'accompagnement dont la mission à vos côtés peut durer entre six et neuf mois, avec des rencontres régulières.

- Il vous fait explorer vos forces et axes d'amélioration : le coaching offre le recul salutaire pour vous demander où vous en êtes vraiment et où vous souhaitez aller.
- Il vous aide à transformer les défis en opportunités : le coach est un miroir neutre pour explorer vos doutes et consolider votre confiance.
- Il vous guide vers un alignement entre vos actions et vos ambitions : les séances de coaching sont des espaces de réflexion qui favorisent des décisions éclairées et cohérentes avec vos valeurs.

80 % du succès d'un coaching repose sur l'alliance avec son coach, c'est-à-dire la qualité du lien entre les deux personnes. Cette relation de confiance, de respect et de collaboration permet d'explorer des sujets en profondeur et d'oser le changement. Une bonne alliance repose sur trois piliers :

1. **La connexion humaine** : se sentir écouté, compris et en confiance.
2. **Un engagement mutuel** : le coach et le coaché s'investissent pleinement dans le processus. Un coaching fonctionne seulement si vous êtes volontaire. Vous devez avoir une réelle envie de progresser, être prêt à vous remettre en question, être engagé dans la démarche et pas juste spectateur. Si vous ne ressentez pas ce besoin, ce n'est peut-être pas le bon moment.
3. **Un cadre clair et respecté** : confidentialité, bienveillance et équilibre entre soutien et challenge.

## Ce que vous devez trouver chez votre coach

- **Une posture éthique et professionnelle**, dans le respect strict du code de déontologie.
  - Confidentialité : tout ce qui est dit reste entre vous.
  - Bienveillance et non-jugement : un espace sécurisé pour s'exprimer librement. Attention cependant : bienveillance ne veut pas dire complaisance. Le mot juste serait peut-être « veillance » : une présence active et exigeante qui veille sans juger, mais sans fuir non plus ce qui dérange. La veillance, c'est la bienveillance avec du cadre, au service de votre croissance.
  - Supervision : votre coach doit se faire lui-même superviser pour prendre du recul.
  - Une réputation solide. Un bon coach est souvent recommandé, voire accrédité pour travailler dans votre entreprise. N'hésitez pas à demander des retours à ceux qui ont fait appel à lui ou à consulter son parcours.

- **Un bon équilibre entre confort et challenge ou la DDU** (Dose de dérangement utile). Un bon coach ne se contente pas d'écouter, il vous challenge ! Posez-vous ces questions :
  - « Me pousse-t-il à sortir de ma zone de confort ? »
  - « Ses questions me font-elles voir les choses autrement, même si cela me dérange un peu ? »
  - « Ai-je l'impression de progresser grâce à cet inconfort constructif ? »
- **Une expertise adaptée à votre contexte.** Leadership, prise de poste, transition... Assurez-vous que le coach a une expérience pertinente pour poser les bonnes questions et comprendre vos enjeux.
- **Une approche qui vous correspond.** Chaque coach a sa « couleur » ; certains sont plus introspectifs, d'autres plus axés sur l'action. Trouvez celui dont l'accompagnement vous correspond le mieux.
- **Un bon feeling dès le premier échange.** La relation de confiance est essentielle. Elle représente 80 % du succès d'un coaching. Le reste, ce sont les outils, les objectifs, le cadre. Mais sans ce lien, rien ne tient. Lors de la première rencontre, vérifiez si l'alchimie fonctionne. Demandez-vous :
  - « Est-ce que je me sens écouté et compris ? »
  - « Est-ce que sa posture me met en confiance ? »
- **La proximité (ou non) avec votre réseau.** Selon votre situation, un coach qui connaît votre environnement peut être un atout... ou une contrainte si vous préférez un regard totalement extérieur. À vous de voir ce qui vous convient le mieux.

# Trouver le juste « nous »

## L'intelligence émotionnelle, boussole du manager

Pour bien se connecter aux autres, il faut parfois commencer par revenir à soi. La profondeur du lien que vous créez avec les autres est à la mesure de celui que vous entretenez avec vous-même : reconnaître vos émotions, les accueillir, les réguler, et les considérer comme des forces plutôt que comme des faiblesses. Votre intelligence émotionnelle (IE) est votre meilleur atout pour piloter une équipe et bâtir des relations solides. Faites-en votre boussole. De nombreuses études montrent que les managers performants se distinguent moins par leur QI que par leur capacité à naviguer dans les émotions – les leurs et celles des autres. Selon Daniel Goleman (le « père » de l'intelligence émotionnelle), c'est cette compétence qui fait la différence dans les postes complexes de management. C'est elle qui prend le relais du QI lorsqu'il s'agit de s'intégrer à une nouvelle équipe, de diriger, d'inspirer et de collaborer. En d'autres termes, le QI nous permet d'apprendre, d'analyser et de résoudre des problèmes, tandis que l'IE nous aide à interagir, comprendre et mobiliser.

L'intelligence émotionnelle repose sur deux piliers essentiels :

- **La conscience de soi** : reconnaître ses émotions, comprendre leur origine et leur impact sur nos comportements. Cette lucidité intérieure permet de prendre des décisions plus cohérentes avec soi-même et d'interagir avec davantage d'authenticité.
- **La conscience des autres** : développer son empathie – cette capacité à se connecter aux émotions et aux expériences des autres – et aller, si nécessaire, jusqu'à la compassion, c'est-à-dire l'envie d'agir pour soutenir et apaiser.

C'est en prenant conscience de ce qui se passe chez soi et chez l'autre que l'on parvient à comprendre ce qui se joue dans la relation. Un leader allié est donc un leader qui sait naviguer entre ses émotions et celles de son environnement.

## Le juste « nous »

Lorsque l'on prend un nouveau poste, l'un des premiers enjeux est de tisser des relations solides avec les interlocuteurs clés : son N + 1, un pair influent, un mentor interne, voire un partenaire externe stratégique. Comment trouver le bon positionnement ? Trop en retrait, on laisse les autres décider. Trop fusionnel, on s'enferme dans une relation de dépendance. L'enjeu est de construire une alliance équilibrée, où chacun trouve sa juste place.

**Figure 2.3 : Trouver le juste « nous »**

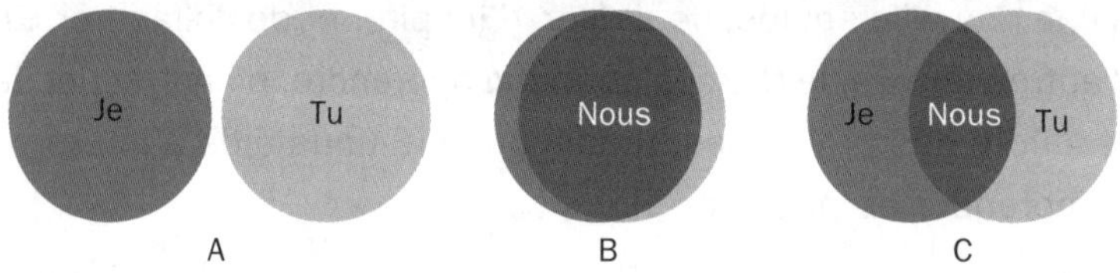


La figure 2.3 illustre trois dynamiques relationnelles, valables aussi bien dans une équipe qu'en binôme :

- **Situation A : une relation distante, sans connexion.**
  - Chacun reste sur sa position, protège son territoire. Il n'y a pas d'échanges, et il y a peu de confiance.
  - Signes concrets : absence de dialogue, décisions unilatérales, incompréhension mutuelle, méfiance.
- **Situation B : une relation fusionnelle, qui étouffe.**
  - L'interdépendance est trop forte. L'un ne prend pas de décision sans l'autre, les frontières sont floues. Cela crée de la confusion et limite la liberté d'action.
  - Signes concrets : absence d'autonomie, alignement systématique, incapacité à exprimer un désaccord, crainte de déplaire.

- **Situation C : une alliance stratégique, fondée sur la confiance et la clarté.**
  - L'équilibre est juste. Il y a de la connexion et de l'indépendance. Chacun joue son rôle tout en s'appuyant sur l'autre.
  - Signes concrets : dialogue constructif, attentes clairement exprimées, capacité à se confronter sans rupture du lien, influence mutuelle positive.

Voici une situation concrète qui illustre ces trois relations et les possibilités d'ajustement. Valérie vient d'être promue manager. Son défi majeur, explicité par les RH dès le processus de recrutement, va être de construire une relation efficace avec sa N + 1, Claire, directrice des opérations.

- Au début (situation A), chacune reste dans son camp. Claire est peu disponible et Valérie hésite à la solliciter. Résultat ? Peu de feedback, une vision floue des attentes, et le risque pour Valérie de prendre une mauvaise direction.
- Puis Valérie passe en situation B, dans une relation de dépendance. Elle cherche systématiquement l'approbation de Claire et aligne toutes ses décisions sur les siennes. Résultat ? Valérie perd du leadership et de la confiance en elle.
- Grâce à un accompagnement de coaching, Valérie installe la situation C, une alliance claire et efficace. Elle fixe avec Claire un cadre de collaboration : quels sujets nécessitent une validation ? Dans quels cas peut-elle prendre des décisions en autonomie ? Cette étape permet aux deux femmes d'instaurer un dialogue ouvert, où chacune peut challenger l'autre sans crainte. Résultat ? Valérie a gagné en assurance et Claire dispose d'un relais efficace. Chacune a grandi dans la relation.

### Où en êtes-vous dans le « nous » ?

Pour évaluer vos relations, posez-vous les questions suivantes :

- « Suis-je clair sur les attentes de mes interlocuteurs clés ? »
- « Ai-je tendance à être trop distant ou trop aligné avec mon N + 1 ou mes pairs ? Pouvons-nous exprimer un désaccord sans que cela abîme la relation ? »
- « Ai-je un espace de dialogue régulier avec mes alliés stratégiques ? »

Le juste « nous » n'est pas une destination. C'est un équilibre en mouvement, une dynamique qui se construit dans chaque relation. **Une vraie alliance nous transforme : chaque ajustement relationnel renforce notre posture, notre influence, notre impact.** La bonne nouvelle ? Il suffit d'un premier pas pour amorcer le changement. Alors, quel sera le vôtre aujourd'hui ?

Pour avancer vers une alliance plus forte, observez l'une de vos relations clés que vous sentez non ajustée :

- Êtes-vous plutôt en situation A (distance) ou B (fusion) du schéma du « juste nous » ?
- Identifiez un levier d'ajustement : davantage de dialogue, de clarté, d'autonomie ?
- Expérimentez ce changement et notez ce que cela produit.

## Empathie, sympathie et compassion : quelle différence ?

Imaginez une réunion où votre interlocuteur partage un problème difficile. Vous l'écoutez. Vous ressentez son stress, sa frustration… Alors, sans vous en rendre compte, vous commencez à absorber son émotion. Vous vous sentez submergé. Ou à l'inverse, vous restez en retrait, insensible à sa détresse.

Où se trouve la juste posture ? Nous avons vu qu'une alliance équilibrée repose sur un positionnement équilibré : trop distant, le lien s'érode. Trop impliqué, on se laisse submerger. Comment savoir si l'on est dans la bonne posture émotionnelle et où se situer entre sympathie, empathie et compassion ?

Prenons l'exemple d'Élodie qui fait sans encombre ses premiers pas de manager quand, au bout de quelques semaines, Julien, un des meilleurs éléments de son équipe, décroche ; il se montre moins investi, moins réactif. Élodie tente d'intervenir, mais il lui faut tâtonner avant de trouver la bonne posture. Elle commence par se mettre en sympathie : elle ressent le découragement de Julien, tente de le rassurer... mais elle finit par absorber sa frustration et se sent bloquée. Elle bascule alors dans la compassion : elle veut l'aider à tout prix et prend en charge certaines de ses tâches. Résultat ? Julien devient encore plus passif et Élodie s'épuise. La bonne posture sera finalement l'empathie : Élodie écoute Julien et comprend sa situation. Cependant, au lieu de prendre sur elle, elle l'invite à identifier lui-même des solutions. Julien regagne progressivement en autonomie, et Élodie retrouve sa juste place de leader.

- **La sympathie** implique un partage affectif et une proximité émotionnelle. Si la personne est stressée, nous le devenons aussi. Si elle est en colère, nous partageons sa frustration. Cela crée du lien, mais peut aussi nous entraîner dans l'émotion de l'autre sans recul. Le risque ? S'épuiser émotionnellement et devenir inefficace. Être dans la sympathie reviendrait à se regarder dans un miroir déformant : « Je ressens tellement ton émotion que je perds ma clarté. »
- **L'empathie** permet de percevoir et comprendre l'émotion de l'autre, sans la confondre avec la sienne. On est connecté à son émotion, tout en conservant sa propre lucidité. L'écoute active devient alors un levier puissant, avec la reformulation

et le questionnement ouvert pour aider l'autre à trouver ses propres solutions. C'est comme regarder à travers une fenêtre : « Je perçois ton émotion. Je vois ce que tu vis, mais je garde du recul pour t'aider à avancer. »

- **La compassion** va plus loin que l'empathie : elle pousse à vouloir alléger la souffrance de l'autre. Cela peut être puissant dans un rôle de manager ou de leader, notamment en cas de crise majeure, où il est crucial d'être là. Le risque ? Vouloir agir à la place de l'autre, ce qui peut le priver d'autonomie et alourdir notre propre charge mentale. L'image de l'empathie est celle d'une main tendue : « Je comprends ce que tu ressens et je veux agir pour t'aider (mais je n'agis pas à ta place). »

Nous penchons naturellement vers l'une de ces postures. Aucune n'est bonne ou mauvaise en soi, chacune a ses richesses et ses risques. L'essentiel est donc d'être conscient de sa tendance naturelle pour pouvoir s'ajuster à la situation.

**Et vous ? Quelle est votre posture naturelle ?**

- Vous avez tendance à ressentir les émotions des autres comme si elles étaient les vôtres ? (Sympathie)
- Vous êtes capable d'écouter sans vous épuiser émotionnellement ? (Empathie)
- Vous tendez la main pour soulager l'autre, sans faire à sa place ? (Compassion)

**L'alliance avec autrui est une question de posture et de justesse.** Lorsque l'on fait un pas vers l'autre, la relation évolue automatiquement. C'est ce qu'on appelle l'effet systémique. Un manager ou un leader efficace doit savoir écouter sans se perdre, comprendre sans se laisser envahir, et aider sans agir à la place de personne (ni de ses équipes, ni de son N + 1). Comme le souligne Mathieu Ricard, « l'empathie sans recul conduit au *burn-out* ; la compassion, elle, ouvre un espace pour agir avec justesse, sans s'épuiser ». Il ne s'agit donc pas de fuir l'émotion de l'autre, mais de savoir y répondre sans s'y noyer. Frédéric Lenoir le rappelle aussi : « Aider l'autre, oui, mais pas à nos dépens. » Prendre soin de soi, c'est aussi se donner les moyens d'être vraiment là pour l'autre.

## Rester à sa place

Trop de compassion (ou une compassion mal placée, ou bien non conscientisée), conduit à prendre sur ses propres épaules les problèmes des autres. Autrement dit, à se positionner comme un sauveur, selon le terme qu'emploie Karpman dans son fameux triangle dramatique[1].

**Figure 2.4 : Le triangle dramatique**

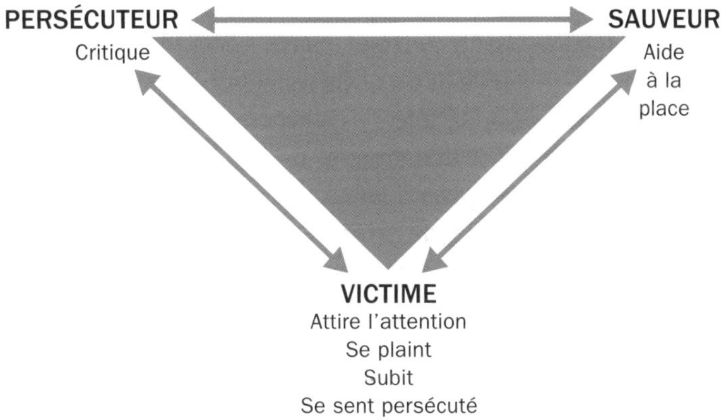


1. Stephen Karpman, *Le Triangle dramatique, de la manipulation à la compassion*, InterÉditions, 2024.

## Alex et Julie : quand les rôles tournent dans le triangle dramatique

Dans cette start-up en pleine expansion, l'énergie est à son comble. L'équipe est jeune, ambitieuse, chacun veut faire ses preuves. Sous cette pression, des tensions émergent, des incompréhensions s'installent et, parfois, sans s'en rendre compte, deux personnes se retrouvent enfermées dans une relation qui devient toxique. Ce piège, c'est le Triangle de Karpman. Un jeu où chacun pense bien faire, mais où tout le monde finit frustré. Un jeu où l'on devient tour à tour, sans s'en apercevoir, « victime », « sauveur » et « persécuteur ». Voici comment Alex et Julie vont en faire l'expérience.

- **Acte 1 : Alex entre dans le triangle en tant que victime : « Je suis sous l'eau. »**

Alex est développeur. Il aime son travail, mais ce matin, il est submergé. Trop de demandes à traiter et un projet clé à livrer avant la fin du mois. Il soupire bruyamment devant son écran, croise les bras, puis se passe la main sur le visage, visiblement tendu. Julie, la cheffe de projet, passe à côté et capte immédiatement son état. Elle lui dit : « Ça va, Alex ? Tu as l'air stressé. » Alex relève à peine la tête : « Franchement, non. Je suis sous l'eau. Ce projet est trop gros, et on ne m'a pas donné assez de temps. Je n'y arriverai jamais… Je n'en peux plus. » Il ne formule pas de demande explicite, mais tout dans son attitude envoie un message : « Aidez-moi. »

- **Acte 2 : Julie adopte une posture de sauveur : « Ne t'inquiète pas, je vais t'aider. »**

Julie n'aime pas voir ses équipes en difficulté. Elle est cheffe de projet, et considère que son rôle est de veiller à ce que tout roule. Sans même réfléchir, elle plonge tête la première dans le rôle du sauveur. « Ne t'inquiète pas, je vais voir ce que je peux faire. » Elle enchaîne immédiatement : « Je vais t'aider à gérer les tâches les plus urgentes et je vais parler au CTO[1] pour voir si on peut te donner plus de ressources. » Alex souffle, soulagé. Il n'a pas eu besoin de chercher une solution, Julie va le sauver. Et le triangle se referme sur eux.

- **Acte 3 : Alex victimise Julie : « Mais tu m'avais promis ! »**

Julie va voir le CTO : « Alex est sous l'eau. Il faut lui donner plus de ressources. » Mais le CTO secoue la tête : « Tu sais bien que nous n'avons pas le budget pour cela. C'est à toi de gérer les priorités de ton équipe. Désolé, c'est absolument impossible. » Julie repart frustrée et très énervée contre son CTO. Elle avait promis une solution, et elle revient les mains vides.

Quand elle l'annonce à Alex, il explose : « Quoi ?! Mais comment ça, il refuse ? Tu m'avais dit que tu m'aiderais ! ». Là, tout bascule : Alex, qui était victime, devient ainsi persécuteur. Il passe de « je suis submergé » à « c'est ta faute si ça ne s'arrange pas ! ».

Julie, qui s'est battue pour lui, perd patience : « J'ai fait ça pour toi et maintenant tu m'en veux ?! Ce n'est pas mon rôle de régler tous tes problèmes ! » Julie, qui était sauveuse, devient ici victime. Elle se sent attaquée alors qu'elle voulait simplement aider.

Alex et Julie vont ainsi tourner indéfiniment dans les rôles. Ce qui était au départ une simple discussion devient un schéma relationnel piégé.

On tombe dans ce type d'interaction presque sans le voir, car il repose sur des réflexes humains :

- Se plaindre pour obtenir du soutien (victime).
- Vouloir aider pour exister et être apprécié (sauveur).
- Se défendre par l'attaque quand on est frustré (persécuteur).

**Nous avons tous une entrée préférée dans ce jeu triangulaire.** Dans nos relations, ce schéma peut être dévastateur. Il détruit

1. CTO : Chief technology officer, ou directeur technique.

la confiance, use les relations et, surtout, empêche les vraies solutions d'émerger.

**Comment éviter de tomber dans ce piège quotidien, ou comment en sortir ?** La seule façon de casser ce cercle vicieux est d'en prendre conscience. Si la Julie de notre exemple avait connu le triangle dramatique, elle se serait posé trois questions avant d'intervenir :

- « Alex m'a-t-il demandé de l'aide ? » (Non, Alex a simplement exprimé son anxiété.)
- « Ai-je vraiment envie de l'aider ? » (Oui, mais Julie elle-même est totalement débordée, et ce n'est pas son rôle.)
- « Est-ce dans mes compétences ? » (Non, et le reste de l'équipe de Julie, qui pourrait avoir les compétences requises, est déjà débordé.)

La réponse « non » à une seule de ces questions indique que le rôle du manager n'est surtout pas de « sauver » son collaborateur.

Julie aurait alors répondu très différemment à Alex : « Je comprends que tu sois sous l'eau. Qu'as-tu déjà essayé pour alléger ta charge ? » ou « Je te propose que nous fassions un point et que tu me fasses une recommandation sur la meilleure façon d'avancer ». En adoptant cette posture à la fois empathique et bienveillante, Julie éviterait de tomber dans le rôle du sauveur et responsabiliserait Alex.

De son côté, Alex aurait pu prendre du recul et exprimer une demande claire au lieu d'attendre qu'on devine son besoin. Il aurait pu montrer à la fois sa vulnérabilité et son assertivité, ce qui lui permettait de rester acteur de la relation.

**Ainsi, au lieu de créer ou alimenter un triangle dramatique, on construit un triangle de la juste compassion, qui fait grandir chacun en autonomie et en confiance.**

**Figure 2.5 : Le triangle de la juste compassion**

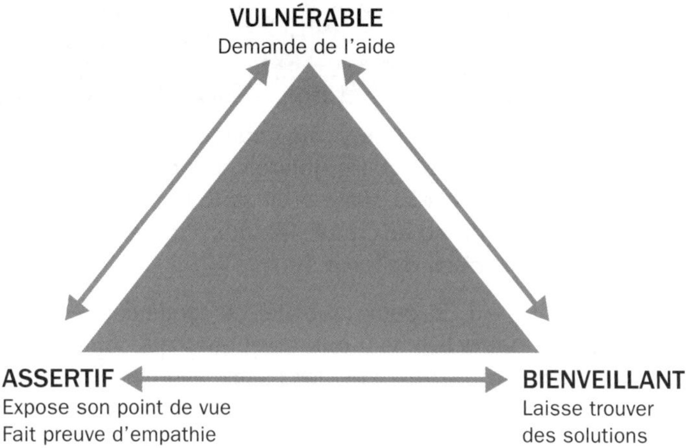


Si on comprend ce jeu, on peut choisir de ne pas y entrer ou d'en sortir.

- **Plutôt que de se plaindre et se poser en victime, chercher une issue ou demander clairement de l'aide** : on peut se montrer vulnérable tout en s'affirmant et en redevenant acteur de la relation.
- **Plutôt que de vouloir, en sauveur, tout régler à la place de l'autre, le responsabiliser** : avec bienveillance, le laisser trouver des solutions.
- **Plutôt que de persécuter (critiquer, juger ou culpabiliser), exposer son point de vue avec assertivité et faire preuve d'empathie.**

## Si je suis le N + 1 du nouveau manager en prise de poste, mon focus : lui ouvrir les portes, faciliter son intégration dans le système

Un manager qui change de poste change de système. Il perd ses anciens repères, ses alliés naturels, ses réseaux implicites. Même entouré, il peut se sentir seul, surtout dans les premiers jours, où tout s'apprend en creux : les jeux d'influence, les rituels informels, les rapports de force.

Si je suis le N + 1, je peux lui éviter ce sentiment de solitude en le connectant activement aux personnes qui comptent : les interlocuteurs clés, les experts, les clients internes, les pairs. Je l'introduis auprès d'eux. Je ne me contente pas de lui transmettre un organigramme : je lui ouvre des portes, je facilite la création du lien.

Je veille à ce qu'il ne se retrouve pas face à un système opaque ou siloté. Je l'aide à repérer et décrypter les non-dits, les process non écrits, les pièges relationnels, les dynamiques d'exclusion avant qu'ils ne l'isolent. Je l'invite à ne pas rester seul face aux tensions et aux doutes : je suis disponible pour parler stratégie, culture, posture avec lui.

Plus je facilite les bons liens dès le départ, plus il sera capable de construire des alliances solides. Et de prendre pleinement sa place.

Chapitre 3

# DU CHEF TOUT-SACHANT AU LEADER CURIEUX

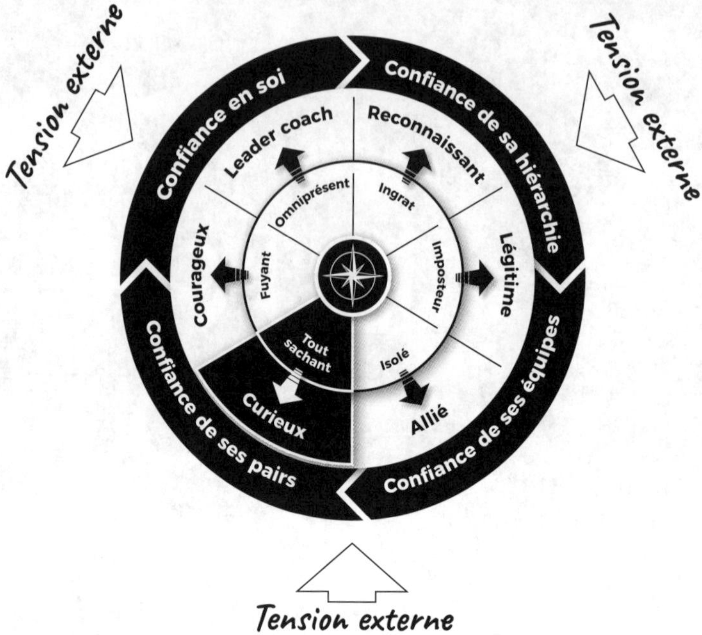


Entrer dans un nouveau rôle réveille souvent le besoin de prouver sa légitimité. Certains chefs en prise de poste cherchent à montrer qu'ils maîtrisent tout sur tout. Inappropriée, cette posture les épuise vite, tant eux que leur environnement.

Ce chapitre invite à changer de boussole. Devenir un leader curieux, c'est accepter de ne pas tout savoir. C'est poser des questions sans arrière-pensée, écouter les signaux faibles, créer un climat où les autres osent dire, tester, et apprendre. C'est garder l'exigence mais en déplaçant son centre de gravité : passer du pouvoir de réponse au pouvoir de la relation et du questionnement.

Si cette curiosité reste compliquée aujourd'hui, si vous sentez que lâcher prise active la peur du vide, nous vous invitons à retourner au chapitre 2. Peut-être avez-vous besoin de consolider vos alliances pour vous sentir davantage en confiance.

# Gare à l'excès de confiance !

## Trop de confiance tue la confiance

Xavier occupe un poste prestigieux de management dans une entreprise de luxe basée en Grande-Bretagne. Reconnu pour son leadership et ses résultats, il a su se construire une solide réputation auprès de ses supérieurs hiérarchiques, qui lui témoignent une grande confiance. Il bénéficie également du soutien de sponsors influents au sein de l'organisation, ce qui renforce son sentiment de sécurité.

Lorsqu'on lui propose une promotion en Australie, Xavier n'hésite pas une seconde. Ce nouveau rôle lui permettra d'élargir son périmètre de responsabilités et de s'installer dans un pays dont il a toujours rêvé. Parfaitement anglophone et fort de ses succès passés, la perspective du surf et du soleil aidant… Xavier est convaincu que cette transition sera simple.

Cependant, dès les premières semaines, des difficultés inattendues surgissent. Xavier avait sous-estimé deux éléments cruciaux :

- **La différence culturelle** : en passant de la Grande-Bretagne à l'Australie, Xavier rencontre un rapport au travail et à des attentes managériales radicalement différent. Son style de leadership, efficace en Europe, est perçu comme rigide par ses équipes australiennes, habituées à des interactions plus décontractées et collaboratives. Les premiers malentendus adviennent rapidement.
- **L'impact familial** : le déménagement, qu'il avait considéré comme une formalité, se révèle éprouvant pour sa femme et ses enfants. Isolés et en plein choc culturel, ils peinent à trouver leurs repères, ce qui crée rapidement des tensions à la maison.

La pression commence à monter. Entre une équipe qui ne comprend pas son style de management et sa famille qui occupe son esprit, Xavier se retrouve pris dans une spirale d'anxiété. Sa confiance, auparavant inébranlable, s'érode. Il doit faire face à un défi qu'il n'avait pas anticipé : se remettre en question.

Chaque transition, aussi prometteuse soit-elle, nécessite préparation et ouverture d'esprit.

La confiance excessive, quoiqu'à l'opposé du syndrome de l'imposteur, met tout autant en danger. Penser être parfaitement qualifié pour son nouveau rôle et n'avoir aucun besoin d'adaptation ou d'ajustement peut conduire à des erreurs graves : manque d'écoute des attentes de ses équipes et du terrain, décisions précipitées fondées sur des suppositions erronées, ou encore éloignement des équipes et fragilisation de la confiance collective.

## Autoévaluer les défis

En négligeant les signaux faibles, la personne en excès de confiance risque de passer à côté des nuances du contexte. Pour éviter ce piège, il est essentiel de cultiver l'humilité et l'écoute active dès les premières semaines. Une méthode concrète pour y parvenir est d'utiliser ce tableau d'autoévaluation des défis perçus. En pratique, cet outil simple invite à autoévaluer, sur une échelle de 0 à 10, le niveau de défi qui vous attend, en listant les principales dimensions de la prise de poste.

**Tableau 3.1 : Évaluation des défis perçus**

| | Questions |
|---|---|
| **Le contexte** | Est-ce une promotion ou un changement d'entreprise ?<br>Ai-je déjà un réseau interne solide ou dois-je le construire ?<br>Est-ce un nouveau métier ? Un changement de pays ou de culture ?<br>Ma prise de poste est-elle accélérée ? |
| **Les facteurs externes** | Quelle était la position de mon prédécesseur et quelle image renvoyait-il ? Y a-t-il un projet clé ou sensible en parallèle (transformation, plan social, déménagement...) ? |

| | |
|---|---|
| **Les enjeux personnels** | Ai-je des contraintes personnelles importantes (famille, santé, déménagement) ? Ai-je d'autres projets privés majeurs en cours ? Suis-je préparé et accompagné pour réussir cette transition ? |

Cet outil aide à identifier clairement les points d'alerte, les zones de progression et les besoins de support. Complétez chaque ligne avec une note allant de 0 (maîtrise totale, pas de difficulté) à 10 (difficulté maximale anticipée). Ces axes sont issus de notre expérience des principaux challenges rencontrés par les managers durant leur prise de poste.

**Tableau 3.2 : Auto-évaluation des défis perçus**

| | Niveau estimé de défi |
|---|---|
| **Contexte** | |
| Le passage à ce niveau de poste de dirigeant/manager | 0 à 10 |
| Ma connaissance de l'entreprise | 0 à 10 |
| Ma maîtrise de la fonction | 0 à 10 |
| Le marché | 0 à 10 |
| Le pays/la région | 0 à 10 |
| Parcours accéléré | 0 à 10 |
| **Facteurs externes** | |
| Différences de leadership *vs.* mon prédécesseur | 0 à 10 |
| Projets en parallèle de mon cœur de mission | 0 à 10 |
| **Enjeux personnels** | 0 à 10 |
| Enjeux familiaux | 0 à 10 |
| Connaissance de moi | 0 à 10 |
| Total | /100 |

**Appréciez le résultat :**

- De 0 à 30 points, vous êtes en zone verte, votre prise de poste semble relativement simple… Restez attentif.
- De 30 à 60 points, vous êtes en zone orange. Demandez de l'aide à un buddy/mentor (voir chapitre 2).
- Au-delà de 60 points, vous êtes en zone rouge. Nous vous invitons fortement à demander un coach dédié à votre prise de poste.

# Avancer pas à pas : le principe de l'effectuation

## La tentation du grand coup de balai

Lorsqu'elle prend son poste de directrice des ressources humaines dans une entreprise du secteur de l'hôtellerie, Alia est pleine d'ambition et déterminée à mettre en œuvre la transformation attendue par sa hiérarchie. Elle est la seule femme manager de son équipe, la pression est très forte, le temps compte. Elle a à cœur de faire ses preuves et d'obtenir des résultats.

Alia considère qu'elle ne peut pas relever le challenge avec les ressources actuelles. Son objectif est simple : insuffler un nouveau dynamisme et imposer sa propre vision. Elle se lance dans une réorganisation radicale de l'équipe. Pas de temps à perdre à comprendre les pratiques ou la culture en place : elle sait ce qu'il faut faire. Elle considère les équipes existantes trop ancrées dans des habitudes obsolètes et trop lentes à réagir face aux défis à relever. Sans prendre le temps de les écouter, Alia les réoriente donc ou les évince. Le changement est brutal, sans nuance. Alia ne tarde pas à être considérée comme une « killeuse ».

En agissant ainsi, Alia perd des compétences clés et un savoir-faire précieux, difficilement remplaçables. Les recrutements externes, même de personnes hyper compétentes et expertes, ne permettent pas d'intégrer l'histoire et la culture de l'entreprise. Ce qui faisait la force de l'organisation est nié et rapidement mis de côté. Très vite, les équipes d'Alia sont déconnectées, se retrouvent en perte de confiance et de sens. Ses N – 1 ne comprennent plus à quoi ils contribuent ni pourquoi ils se lèvent le matin.

En voulant s'imposer rapidement et instaurer un changement rapide, Alia échoue à créer un climat de confiance, pourtant fondamental pour fédérer ses équipes et assurer la réussite de son projet. L'histoire se retournera contre elle : elle sera licenciée quelques mois plus tard.

**Son cas illustre combien il est nécessaire, même sous pression, de prendre le temps d'écouter, de comprendre et de construire la confiance pour réussir une transformation, quelle qu'en soit l'urgence.**

## Apprendre en chemin

La prise de poste est un passage sensible, à appréhender avec beaucoup de subtilité. Comment avancer dans un environnement incertain, sans tout contrôler dès le départ ? Comment passer à l'action quand il n'y a pas de plan prédéfini et que l'incertitude est omniprésente ? Le cas d'Alia est malheureusement très fréquent et souligne la difficulté du métier de manager aujourd'hui.

**La théorie de l'effectuation** est une excellente boussole pour traverser ce passage sensible. Elle répond aux défis actuels avec une approche à la fois simple et puissante, résumable en cinq principes. Dans un environnement où l'incertitude est la norme, cette approche invite à agir sans attendre de maîtriser tous les éléments. Elle privilégie l'utilisation des ressources disponibles pour avancer de manière pragmatique, étape par étape, en transformant chaque contrainte en opportunité.

### L'effectuation

L'effectuation a été conceptualisée par la professeure Saras D. Sarasvathy. Elle est née de l'étude des pratiques d'entrepreneurs expérimentés.

Cette approche part de tous les moyens disponibles (compétences, culture, réseau, ressources financières) et avance par ajustements successifs (logique d'effectuation) plutôt que de suivre un plan strict avec un but et des moyens nécessaires pour l'atteindre (logique causale).
Au-delà de son efficacité opérationnelle, l'effectuation permet de tisser des relations de confiance. En impliquant les autres dans le processus, elle favorise une collaboration authentique et renforce les liens avec les équipes et les parties prenantes. Cette posture ouverte crée un espace où chacun se sent entendu et reconnu, tout en contribuant à des solutions concrètes et adaptées.
Ce qui la rend particulièrement précieuse est son alignement avec une gestion agile et humaine. Elle encourage à s'ajuster, à expérimenter et à apprendre en chemin, tout en respectant ses valeurs. Avancer avec humilité, sans prétendre tout savoir, devient une force.
Cette capacité à concilier action, collaboration et authenticité fait de l'effectuation un outil clé pour réussir dans un contexte instable.

## Principe 1 : s'appuyer sur l'existant

- **La théorie** : commencer par analyser les ressources, les compétences et les relations existantes au lieu de se lancer dans une quête d'idées ou de solutions idéales.
- **La pratique** :
  - Recenser les forces de l'équipe, les outils déjà à disposition, et tisser des premiers liens avec les parties prenantes.
  - Valoriser l'expérience accumulée au lieu de vouloir la remplacer d'emblée.
- **Le témoignage de Jacques**, directeur financier dans une mutuelle : « Ce qui me choque n'est pas tant la tentation de la table rase mais cette attitude qui consiste à penser : “Tout ce qui était là avant est pourri, je vais vous apprendre ce qu'il faut faire et comment.” Le patron qui “débarque” et balance tout sans

prendre le temps de réfléchir, d'observer, de prendre la température, de regarder ce qu'est cette entreprise, son histoire, sa culture. J'en ai pris conscience la première fois en entrant dans un établissement qui avait plus de cent ans. J'avais l'impression qu'il y avait plein de choses à changer et que je savais tout mieux que les autres ; et puis un jour, en découvrant l'histoire longue de cette entreprise, je me suis dit : "Tu vas rabaisser ton caquet ! Qu'est ce qui est bon dans toute cette histoire ? Qu'est-ce qui est à améliorer ? Cette structure a très bien vécu sans toi ! Qu'apportes-tu de vraiment mieux ?". Quand je suis arrivé à ce poste, les recruteurs m'ont demandé d'être très attentif à l'équipe qui m'accueillait : "On ne voudrait pas que les personnes soient déstabilisées par votre arrivée." Bref, on m'invitait à faire ce qui semblait naturel : prendre le temps avant de décider quoi que ce soit en matière de réorganisation. »

Considérer tout ce qui existe dans l'entreprise comme une ressource donne un autre regard sur les situations. Plutôt que de rêver très grand et tout réinventer, l'effectuation invite à partir de ce qu'on a déjà. En prise de poste, elle favorise donc un diagnostic plus rapide et une mise en action concrète, en évitant le passage paralysant de la page blanche.

En d'autres termes, ce principe est une invitation à... avoir de l'appétit ! Vous êtes comme un chef étoilé qui va devoir réaliser une très jolie recette avec ce qu'il y a dans son réfrigérateur. Ce qui est là est votre point de départ : vous avez peut-être des ressources limitées, mais regardez de plus près et prenez le temps d'apprécier :

- les process et les outils : même si certains semblent un peu figés, ils ont une raison d'exister. Prenez le temps de les comprendre avant de les transformer ;
- les équipes : vos collègues sont précieux et ont du talent ;

- les savoir-faire éprouvés. Vous n'allez pas réinventer la roue, mais vous pouvez affiner la manière de l'utiliser ;
- les produits : ne les critiquez jamais durant vos premières semaines ;
- la culture : soyez curieux, respectez-la et utilisez-la à votre avantage.

S'appuyer sur l'existant, c'est donc prendre le temps d'observer et d'apprécier les réussites de l'équipe, reconnaître le travail déjà accompli et voir les points à améliorer. Un moyen efficace pour gagner la confiance de tous et ainsi faciliter les changements nécessaires... Le contraire consisterait à critiquer ouvertement les décisions de ses prédécesseurs devant ses supérieurs, ses pairs, son équipe, et les RH ; pointer tout ce qui ne fonctionne pas et montrer sans cesse que la situation récupérée est « catastrophique ». Une attitude qui provoque, a minima, méfiance et résistance aux changements. Votre équipe pourrait aussi vous suspecter de donner priorité à vos ambitions personnelles, et votre N + 1, se sentir lui aussi en danger (et si vous alliez dire aussi « là-haut » que rien ne va... ?).

### Principe 2 : définir le risque acceptable

- **La théorie** : au lieu de viser le profit maximal ou l'ambition la plus haute, définir le risque acceptable, ce que l'on est prêt à « perdre » (ressources financières, temps, crédibilité) en expérimentant.
- **La pratique** : par exemple, choisir un premier projet pilote, à petite échelle, pour tester une nouvelle approche. Le risque et les efforts nécessaires sont limités, mais l'impact et les apprentissages sont rapides. C'est la logique des « *quick win* » avec des cycles d'essais/échecs/réussites/retours d'expérience. Ce mode opératoire est particulièrement utile quand on découvre une équipe et des process nouveaux.

- **Les exemples** : Karim propose un point hebdomadaire d'une heure le lundi matin avec son N + 1, « à tester pendant un mois ». Il sécurise ainsi la relation tout en laissant la porte ouverte à l'ajustement. Léa, elle, allège le *reporting* de son équipe. Elle annonce que ce format est en phase test sur deux cycles. Elle observe, ajuste, apprend. Et Paul, nouveau en codir, décide d'intervenir sur un sujet qu'il connaît. Sur le reste, il écoute. Il ne cherche pas à tout prouver d'un coup.

## Principe 3 : co-construire avec son écosystème

- **La théorie** : s'allier à des partenaires volontaires et bâtir ensemble (l'ambition, le projet...) plutôt que d'imposer un plan linéaire. La confiance sort renforcée et les initiatives plus pertinentes car elles sont enrichies par différentes expertises.
- **La pratique** : impliquer les membres de l'équipe, les collègues d'autres services, voire des clients ou fournisseurs dès le début de ses réflexions pour se construire une vision claire de son environnement.
- **Le témoignage de John** : cet homme d'action, instinctif et très impulsif, a découvert combien ralentir était essentiel pour poser des bases solides. Il se souvient de prises de poste où il s'était jeté dans l'action sans avoir pris le temps de comprendre. Les résultats avaient été médiocres, et parfois coûteux, tant pour lui que pour l'entreprise. « La patience n'est pas naturelle pour moi, mais elle est devenue ma meilleure alliée. La prise de poste, c'est un art, et j'ai appris à en maîtriser les subtilités. Les cent premiers jours, c'est comme construire les fondations d'une maison. Si tu vas trop vite, tout risque de s'écrouler. Mais si tu prends le temps, alors, ensuite, tu peux bâtir un château. Tout ce que j'apprends maintenant me permettra d'aller vite et fort quand ce sera le moment d'agir. » Pendant ces trois mois, John laisse la

porte de son bureau ouverte, fait des tournées sur le terrain, multiplie les rencontres à tous les niveaux de l'entreprise et avec les clients. « Chaque personne a une histoire à raconter et une expertise à partager. Si tu les ignores, tu passes à côté de la richesse de l'entreprise. »

## Principe 4 : tirer parti des surprises

- **La théorie** : l'incertitude fait partie intégrante de la prise de poste. Les aléas et les imprévus ne sont pas des échecs, mais des occasions de découvrir de nouvelles pistes ou d'adapter le projet en cours de route. On s'ajuste, avec son équipe.
- **La pratique** : quand une difficulté survient (budget inférieur aux attentes, résistance au changement, imprévu organisationnel), y voir une opportunité de dialogue, d'innovation ou de repositionnement du projet. Cette souplesse renforce la capacité d'adaptation et le maintien d'un climat constructif.
- **L'exemple de Jeanne** : fraîchement nommée à la tête d'une *business unit*, Jeanne découvre que le budget prévu pour un projet clé a été drastiquement réduit. D'abord catastrophée, elle décide ensuite de modifier son approche. Plutôt que de voir cette réduction comme un frein, elle transforme la contrainte en opportunité : elle organise un atelier collaboratif avec son équipe pour repenser la stratégie en intégrant des solutions plus agiles et innovantes. L'équipe trouve des alternatives moins coûteuses mais tout aussi impactantes, et ce projet devient un catalyseur d'engagement et de créativité.

## Principe 5 : être acteur de la trajectoire

- **La théorie** : créer son propre chemin en prenant des décisions et en activant les leviers que l'on contrôle directement car nos choix influencent directement la culture d'équipe et la dynamique de changement. Cela veut dire : savoir écouter ses intuitions et accepter de prendre une décision avant de maîtriser 100 % des éléments.

- **La pratique** : agir vite sans attendre forcément de directives ou s'en remettre à des prévisions immuables ; faire évoluer progressivement ses initiatives et capitaliser sur les retours du terrain.
- **L'exemple de Gabriel** : Gabriel prend la direction d'une nouvelle équipe en pleine crise industrielle. Le contexte et la vision stratégique de sa division sont incertains. Plutôt que d'attendre des instructions précises du siège, il décide d'agir : il multiplie les échanges avec les parties prenantes, écoute ses collaborateurs et teste des petites initiatives rapidement. En prenant des décisions progressives, il alimente une dynamique de changement, influence la culture de son équipe et pose petit à petit les bases d'une nouvelle direction.

Le rôle d'un leader curieux, c'est d'adopter cette posture d'ouverture et d'apprentissage. Cette posture se travaille, comme un muscle. Ce leader n'est pas celui qui sait tout, mais celui qui sait qu'il a encore beaucoup à découvrir et à explorer. C'est un leader qui valorise ce qui est là, qui commence avec ce qu'il a, qui avance avec de petites étapes, et qui sait s'ajuster face aux surprises. **Finalement, être un leader curieux, c'est prendre les rênes tout en restant flexible, prêt à transformer l'existant petit à petit sans tout casser.**

# Écouter pour apprendre des autres

## Se montrer curieux

Les psychologues américains Todd Kashdan et Paul Silvia définissent la curiosité comme un désir intense d'explorer et d'apprendre. Dans un contexte de prise de poste, ce désir devient un véritable levier d'adaptation. Il permet non seulement de mieux comprendre son environnement, mais aussi d'entrer en relation, de sentir ce qui se joue, d'agir avec discernement. On croit souvent que la curiosité est une qualité sympathique. En réalité, c'est une compétence stratégique. Lorsqu'elle est mobilisée avec justesse, elle accélère l'apprentissage, éclaire les décisions et renforce la confiance. Mais cette curiosité n'est pas toujours simple à assumer. Dans les premiers jours, elle se heurte à un risque latent : celui de paraître naïf. Poser des questions, vouloir comprendre, s'étonner sont autant de gestes qui peuvent être perçus comme des signes d'impréparation ou de fragilité. Il faut alors marcher sur une ligne de crête : être suffisamment ouvert pour apprendre, sans pour autant donner le sentiment de tout découvrir. Cette tension est réelle.

### Ce qui freine la curiosité dans la prise de poste

- **La peur de l'inconnu** : la peur de paraître incompétent peut limiter l'exploration. On reste dans sa zone de confort, manquant ainsi des opportunités de découverte.
- **Les jugements limitants** : préserver une image d'expertise freine souvent la curiosité. À force de ne pas poser de questions, on limite ses apprentissages et son impact.
- **Le confort et la routine** : des processus bien établis créent une inertie cognitive qui étouffe la curiosité nécessaire pour remettre en cause les habitudes.

Kashdan et Silvia distinguent cinq formes de curiosité complémentaires et activables selon les situations. Chacune ouvre un angle de lecture différent et peut, à sa manière, transformer une posture d'attente en dynamique d'impact.

## La curiosité cognitive : le moteur du savoir

Certains nouveaux managers arrivent avec une soif immédiate de comprendre. Ils cherchent à clarifier les processus, à cerner les attentes, à saisir les mécanismes de décision. C'est cette forme de curiosité, structurée et analytique, qui les pousse à poser les bonnes questions, à écouter avec méthode, à relier les informations pour mieux décider.

Ainsi Camille, nommée directrice commerciale, a commencé par interroger cinq clients clés pour comprendre leurs enjeux et leur perception de l'équipe en place.

### La curiosité émerveillée : l'exploration joyeuse

D'autres abordent leur prise de poste avec une forme d'enthousiasme presque enfantin. Ils s'étonnent, s'émerveillent, notent les petits signes qui leur donnent de l'énergie. Cette capacité à s'émerveiller, loin d'être naïve, devient une force contagieuse.

Lucas, par exemple, dirigeant d'une équipe financière, a été touché par le rituel du vendredi instauré par son équipe comptable : un moment informel d'échange et de gratitude. Il l'a valorisé, a souligné son importance, et a fini par le diffuser ailleurs.

### La curiosité sociale : comprendre les autres

D'autres encore observent les dynamiques de groupe, les non-dits, les alliances silencieuses. Leur curiosité s'oriente vers l'autre, les relations interpersonnelles, ce qui ne se dit pas en réunion.

Ambre, nouvelle DRH, a pris un temps en tête-à-tête avec chacun des managers, leur offrant une écoute attentive, s'intéressant à leurs parcours, à leurs motivations, à ce qu'ils espéraient de cette nouvelle collaboration. Ce n'était pas un simple exercice RH : c'était une façon de respecter la place de chacun dans le collectif.

## La curiosité tâtonnante : se fier à son intuition

Certaines personnes parviennent à rester curieuses même quand tout est flou. Elles explorent sans attendre d'avoir toutes les réponses, discernent dans l'ambiguïté. C'est une forme de curiosité calme, pragmatique, assez intuitive.

Léon, nommé à la tête d'une *business unit* en pleine transformation, n'a ainsi pas cherché à maîtriser tous les paramètres avant d'agir. Il a posé un cap pour les trente premiers jours, assumant de réajuster en chemin. Ce choix assumé a rassuré ses équipes.

## La curiosité audacieuse : la recherche du frisson

Enfin, certains choisissent d'explorer des territoires nouveaux, non balisés, sans attendre d'y être autorisés. Leur curiosité les pousse à sortir du cadre établi, à tester autre chose.

Adèle, directrice d'un centre de services, a ainsi lancé, dès sa deuxième semaine, un rendez-vous ouvert à tous les collaborateurs : chaque vendredi, un espace d'échange sans ordre du jour, où chacun peut poser ses questions, partager une idée, ou simplement écouter. L'initiative n'était pas prévue dans son plan d'intégration. Mais elle a permis à l'équipe de parler vrai, très vite.

Pour certains managers, une telle démarche est impensable : trop risquée, trop floue. La simple idée de ne pas maîtriser l'agenda ou de faire face à un moment de silence les déstabilise. La peur du vide l'emporte sur l'élan. Pour d'autres, au contraire, cet espace d'exploration sans filet est une véritable source d'énergie. Il ouvre la voie à des conversations inattendues, à une confiance qui se construit autrement.

Ces cinq formes de curiosité ne sont pas exclusives. On peut se reconnaître davantage dans l'une ou l'autre selon les moments, les contextes, les personnalités. Mais les repérer permet d'activer sa curiosité avec discernement. Car dans une prise de poste, la curiosité n'est ni un luxe ni un trait de caractère flatteur. **Elle est une ressource stratégique, un accélérateur d'intégration, un vecteur d'impact.**

**Et si la première curiosité à activer était celle que vous portez à vous-même ?** Observez comment vous réagissez à la nouveauté ; ce qui vous attire spontanément et ce qui, au contraire, vous met sur la réserve. Être curieux de sa propre curiosité, c'est déjà entrer dans une forme d'écoute fine. Dans une prise de poste, cette lucidité est précieuse car elle aide à ajuster ses premiers pas, à créer du lien autrement, à apprendre plus vite et plus profondément. Elle permet aussi d'oser vous aventurer là où vous ne pensiez pas aller : la curiosité devient alors bien plus qu'un réflexe, elle est un art d'entrer en relation.

## Écouter, c'est déjà faire

L'écoute en prise de poste est une démarche stratégique qui conditionne la réussite de l'intégration et des premières décisions. En prenant le temps de décoder les dynamiques en place, d'identifier les attentes implicites et de comprendre les résistances éventuelles, vous sécurisez vos actions futures. Sans cette phase d'observation active, le risque est d'agir à contretemps, de fragiliser vos alliances internes et de passer à côté des véritables priorités.

Souvent, un manager nouvellement nommé veut prouver sa valeur en agissant, en prenant des décisions visibles, en lançant des projets. Pourtant, écouter, c'est déjà faire. C'est une action à part entière, peut-être moins spectaculaire, mais tout aussi importante. En écoutant, vous posez un acte fort : vous montrez que vous êtes engagé, attentif, et déterminé à comprendre avant d'agir.

**Bruno : « Dès le début, créer un maximum d'ouverture. »**

« La clé, c'est l'accessibilité, la capacité à instaurer un climat de transparence et à être proche dans les interactions. Dès le début, créer un maximum d'ouverture, de connexions et d'échanges... Avoir des mots simples. J'aime bien être à côté... » nous confie Bruno, DRH dans l'industrie aéronautique. Son approche favorise l'organisation rapide de moments de proximité avec ses équipes, notamment dans un nouveau contexte. Qu'il s'agisse de déjeuners, de discussions informelles ou de visites sur site, ces instants d'échanges authentiques permettent de se présenter sous un jour accessible, loin des barrières qu'imposent parfois les grands discours stratégiques. Bruno insiste : « La clarté du message est essentielle. Quand tu exprimes les choses le plus simplement possible, tu te rends accessible. Les propos simples favorisent la proximité dans les interactions, là où les discours politiques ou une posture trop haute risquent d'instaurer de la crainte et de briser le lien. »

Écouter, c'est agir sur plusieurs fronts à la fois. Vous créez de la confiance en valorisant vos interlocuteurs, vous recueillez des informations essentielles pour guider vos décisions, et vous démontrez une posture de leader réfléchi, capable de s'adapter à son nouvel environnement. C'est un peu comme prévenir les angles morts et éviter le silence organisationnel, cet environnement dans lequel les collaborateurs n'osent plus s'exprimer.

Faire sans écouter, c'est prendre le risque de mal calibrer vos actions, d'agir hors contexte et de fragiliser vos relations.

Écouter, au contraire, est une première étape décisive pour agir avec impact. Laurent nous raconte ainsi comment une de ses premières expériences professionnelles lui a appris l'importance de l'écoute :

« Je venais d'arriver dans mon nouveau job, à 27 ans, quand mon patron a démissionné. Mon nouveau boss arrive trois mois après et me fait vivre un enfer. Il faisait des remarques du genre : "Il va falloir arrêter les vieilles pratiques, je ne veux pas qu'on travaille comme ça…" Il ne me parlait jamais, ne prenait pas le temps de discuter. Un jour, je vais le trouver et lui dis : "Je ne comprends pas pourquoi tu me dis toutes ces choses, je ne demande qu'à travailler autrement." Incroyable : il découvre alors que, moi aussi, je viens d'arriver et que je ne suis pas formaté avec les façons de l'ancienne équipe dont il veut tout démolir ! Ce jour-là, tout s'est décanté entre nous. Mais c'est fou ! Cette expérience a été hyper structurante. Je me suis dit : "Tu prendras toujours le temps de rencontrer tes collaborateurs pour comprendre qui ils sont." Bref, j'ai pris le contre-pied. »

## Soyez curieux du sens des mots !

Écouter les mots, c'est chercher à comprendre le sens qu'ils ont pour votre interlocuteur. Traquez les mots et expressions qui semblent pleins de sens, mais qui, en réalité, sont vagues ou ambigus.

- **Les mots polyvalents, abstraits, familiers ou grossiers dans lesquels** on projette ce qu'on veut. Exemples : « On doit être plus *proactifs*. » Proactifs comment ? Sur quoi ? Mystère… « Michel est un *con* » : c'est-à-dire ? Concrètement, qu'est-ce que cela veut dire ?
- **Les mots impressionnants mais creux**, manquant de concret. Exemples : « Fluidifier les process », « culture de l'innovation », « fonctionnement en silos », « transversalité » : de quoi parle-t-on concrètement ?
- **Les mots servant d'échappatoire** : ils permettent de parler d'un problème sans le nommer vraiment, souvent par manque de clarté ou par peur d'être trop direct. Exemple : « Je me heurte à un plafond de verre » : c'est-à-dire ? Et précisément, comment cela se manifeste-t-il ?

Tous ces termes, faute d'être précisés, sont sujets à interprétation. Ils ralentissent la prise de décision, sèment la confusion et empêchent d'agir.

Écouter s'apprend et se travaille. Voici des outils pour écouter avec attention et intention stratégique. Ils vous permettront de capter l'essentiel, de renforcer la confiance et de poser les bases d'une action ciblée et efficace.

## Approfondir les sujets : la clarification

La clarification est une méthode puissante pour aider notre interlocuteur à parler en l'encourageant à nous faire faire le « tour complet » d'une situation. Cette démarche, qui mêle écoute active et questionnement précis, vous aide à éviter les diagnostics hâtifs et à bâtir un socle solide de compréhension partagée, indispensable pour prendre des décisions éclairées et établir un leadership ouvert et respectueux des personnes en place.

### *Comment utiliser la clarification ?*

Dans cette perspective, vous allez interagir avec trois principes :

1. **Écouter l'autre sans jugement.**
2. **Chercher à le comprendre pleinement.**
3. **Faire clarifier ses messages verbaux et non verbaux.**

L'amorce d'un échange en mode « clarification » est cette demande très ouverte : « Dis-moi une chose que tu penses que je devrais savoir pour bien comprendre (telle situation, tel métier, telle équipe, tel projet, etc.). » Cette instruction initiale fait effet d'appel d'air. Elle permet à votre interlocuteur de dire ce qu'il a besoin ou envie de vous dire, dans un ordre peut-être inédit mais qui en dit long sur ses priorités à lui.

Votre interlocuteur vous répond : vous êtes là pour l'écouter et lui faire aborder tous les aspects de son sujet en le faisant descendre de plus en plus profond. Vous le guidez dans une forme de « *spiraling* » : il creuse progressivement son sujet en en faisant le tour. Comment ? En lui faisant clarifier ses propos, ce qui va bien au-delà d'une simple reformulation :

- Rebondir sur les mots vagues, familiers ou grossiers avec cette demande : « Peux-tu préciser ? ».
- Lui faire terminer ses phrases inachevées ou débouchant sur un « et voilà » ou « bref… » : « Bref ? Tu peux préciser ? ».
- Accuser réception des propos explicités par un « OK, j'ai compris ».
- Relancer, « remettre une pièce dans la machine », en formulant une nouvelle demande : « Dis-moi une autre chose que tu penses que je devrais savoir pour bien comprendre. »
- Si besoin, lui faire explorer des aspects laissés de côté, avec une réflexion-balai du type : « Tu ne m'as pas parlé de tel aspect… »

Voici un exemple très schématique. Vous arrivez dans une nouvelle entreprise en tant que manager. Vous sentez qu'il y a un lourd passif, mais tout le monde reste évasif : « c'est compliqué », « l'ambiance est tendue », etc. Vous cherchez à comprendre la situation en échangeant avec l'un de vos collaborateurs.

- Consigne initiale : « Dis-moi une chose que tu penses que je dois savoir pour comprendre ton historique et l'atmosphère actuelle. »
- Réponse : « C'est hyper politique ici. » [Mot vague.]
- Relance : « Hyper politique : tu peux préciser ? ».
- Réponse : « Les choses se font au gré du bon vouloir des chefs ; il y a ceux qui sont dans "le clan" et les autres… » [Mot vague.]
- Relance : « Dans le clan : tu peux préciser ? ».
- Réponse : … etc.

Résultat : vous obtenez un rapport de faits tangibles (par exemple, des décisions prises sans consultation), ce qui vous aidera à cibler les vraies causes des tensions et à proposer par la suite les bons ajustements (temps d'échange réguliers, meilleure répartition des responsabilités, etc.).

### *Les bénéfices de la clarification*

L'approche de la clarification permet de s'extraire des généralités (« c'est urgent », « on ne s'entend pas », « c'est structurel ») pour atteindre des informations concrètes et exploitables. Elle est donc particulièrement précieuse dans la période de prise de poste où il y a mille choses à assimiler : les priorités du moment, l'historique de l'équipe, les relations internes, les attentes de la hiérarchie, etc. En écoutant avec cette approche, vous gagnez en efficacité car elle vous permet de progresser sur plusieurs fronts.

- **Cibler les vrais leviers de progrès.** Vous cernez les véritables enjeux et acquérez une vision fine des problématiques des équipes et du business. Cette écoute questionnante aide à dépasser les clichés et à comprendre les situations, avec leurs dysfonctionnements ou tensions. Vous savez ainsi où vous pouvez réellement faire la différence.
- **Poser les bases d'une relation de confiance.** En prenant le temps d'écouter vos nouveaux collaborateurs et de creuser leurs propos, vous leur montrez que leur avis compte. Cette écoute attentive et bienveillante installe un climat de respect mutuel, propice à la coopération. Vous n'êtes pas perçu comme un « chef tout-sachant » venu imposer ses idées, mais comme un leader curieux et respectueux de l'existant.
- **Amorcer un management participatif et agile.** La clarification permet de co-construire une compréhension partagée de la situation. Les collaborateurs se sentent impliqués dans le diagnostic, ce qui facilite l'élaboration de solutions communes. Résultat : vous gagnez du temps, car les objectifs sont mieux définis, plus pertinents, et acceptés par tous.

## Comprendre pour mieux agir : les 5 pourquoi

Observez cet exemple d'entretien (très résumé) entre un manager et son collaborateur. Constatant que son équipe n'adhère pas à la nouvelle stratégie qu'il veut mettre en place, le manager pose cinq fois de suite la question « Pourquoi ? », avec l'intention de remonter à une cause racine :

1. « Pourquoi l'équipe n'adhère-t-elle pas ? »
Réponse : « Ils ont des doutes et sont réticents au changement. »
2. « Pourquoi ces freins ? »
Réponse : « Ils ne comprennent pas clairement les bénéfices de cette stratégie pour eux et pour l'entreprise. »
3. « Pourquoi cette incompréhension perdure-t-elle ? »
Réponse : « La communication a été très descendante, et je n'ai pas pris le temps de co-construire avec eux ni d'expliquer concrètement l'impact pour chacun. »
4. « Pourquoi la communication a-t-elle été si descendante ? »
Réponse : « J'étais pressé d'avancer. J'ai présenté uniquement le toolkit de l'équipe de la communication et supposé que tout le monde suivrait naturellement la vision stratégique définie au niveau de la direction. »
5. « Pourquoi as-tu eu cette confiance dans leur adhésion ? »
Réponse : « Dans mes expériences passées, j'avais des équipes déjà alignées et habituées à ce type de changement. Je me rends compte que celle-ci a une culture plus prudente et analytique. »

La série de « pourquoi ? » permet de conclure que ce n'est pas un problème de résistance au changement, mais un problème de communication et d'engagement. Les étapes suivantes : organiser une session d'échange avec l'équipe pour écouter leurs préoccupations, clarifier les bénéfices concrets et les impliquer dans la mise en œuvre.

**Résultat de la méthode : le problème initialement vague (« manque d'adhésion à la nouvelle stratégie ») est clarifié et fait émerger un besoin précis.** Vous montrez à votre collaborateur que son point de vue compte, tout en posant les bases d'une solution concrète.

Cette méthode des 5 pourquoi, issue du système Toyota, est donc un outil simple et puissant, pour remonter aux causes fondamentales d'un problème. Plutôt que de s'arrêter aux symptômes visibles, elle aide à explorer les raisons sous-jacentes en posant une série de questions structurées. Chaque pourquoi permet de cranter un niveau pour remonter à la cause première.

En prise de poste, cette méthode est idéale pour créer un climat d'écoute et de collaboration tout en gagnant rapidement en compréhension. Elle permet de :

- clarifier les attentes non exprimées de vos équipes ;
- cerner les causes réelles des blocages ;
- mettre en lumière le fonctionnement d'un système ;
- trouver des solutions durables, au lieu de traiter uniquement les conséquences visibles.

**Trois conseils pour bien utiliser les 5 pourquoi :**

- **Commencez par le problème visible** : « Pourquoi ce problème existe-t-il ? ». Cela vous permet d'identifier un premier niveau de cause.
- **Explorez chaque réponse avec un nouveau « pourquoi ? ».** Interrogez les réponses obtenues pour aller plus en profondeur. À chaque étape, vous vous rapprochez des causes racines.
- **Soyez précis et nuancé.** Il ne s'agit pas de demander frontalement cinq fois « pourquoi ? » mais de reformuler avec subtilité pour explorer chaque aspect du problème.

## Écouter aussi le corps, cette clé silencieuse

L'écoute corporelle est une capacité précieuse, souvent négligée, qui va au-delà des mots. Il s'agit d'observer tout le langage non verbal (postures, gestes, expressions du visage) de votre interlocuteur. Dans une prise de poste, cette écoute est essentielle pour comprendre les non-dits, détecter des tensions, ou encore saisir les signaux faibles qui façonnent la culture d'entreprise. Un regard évité, des bras croisés ou un sourire crispé peuvent révéler un inconfort ou des préoccupations que les mots ne disent pas.

**Mais l'écoute corporelle ne s'arrête pas à l'observation de l'autre. Elle implique aussi de vous connecter à vos propres ressentis** : une tension dans les épaules, un souffle court ou un inconfort sont des signaux précieux de ce qui se joue dans l'échange. S'il se passe quelque chose chez vous, il se passe sans doute aussi quelque chose chez votre interlocuteur. Écoutez-vous, ajustez votre attitude ou posez une question ouverte : « J'ai l'impression que ce point est sensible pour vous. Pouvez-vous m'en dire plus ? ».

Pratiquer l'écoute corporelle, c'est s'offrir une double lecture : celle des mots et celle du corps. Cela aide à apaiser les tensions, créer un lien authentique et ajuster sa posture pour établir une confiance durable. Un outil discret mais puissant, à cultiver dès le premier jour.

### Quelques exercices à mettre en œuvre

Ces exercices peuvent améliorer votre intelligence relationnelle en réunion. Ils vont vous aider à :

- mieux gérer votre état interne pour éviter les réactions impulsives ;
- détecter les signaux faibles chez vos interlocuteurs (malaise, tensions, adhésion) ;

- fluidifier les échanges en adaptant votre posture et votre communication ;
- gagner en impact en étant plus aligné, plus présent et plus réactif aux dynamiques en jeu.

## Avant une réunion : le check-in express (1 min.)

**Objectif** : vous mettre dans les meilleures conditions pour éviter d'arriver en pilote automatique ou déjà sous pression.

**Concrètement** :
- Fermez les yeux ou regardez un point fixe.
- Prenez trois grandes inspirations en gonflant le ventre.
- Faites un scan rapide de votre corps : tensions dans les épaules, mâchoire crispée, respiration saccadée ?
- Dites-vous intérieurement : « OK, voilà comment je me sens. J'accueille, je relâche, et j'entre en réunion plus conscient et apaisé. »

**Effet immédiat** : vous gagnez en présence et en maîtrise émotionnelle.

## Pendant une réunion : le radar des signaux faibles

**Objectif** : affûter votre perception et ajuster votre posture. Mieux capter les non-dits et éviter les malentendus, parce que la communication, c'est 80 % de non-verbal.

**Concrètement**, observez ces trois éléments clés :
- Les micro-expressions comme : sourcils froncés, sourire crispé, regard fuyant, etc.
- Les gestes : bras croisés (fermeture), doigts qui tapotent (impatience), buste penché en avant (engagement), etc.
- Les voix : ton, rythme, volume, hésitations, etc.

## Un exemple d'application

Si vous présentez un projet et qu'une personne hoche la tête mais a les bras croisés et regarde ailleurs, demandez-lui directement son avis : « J'aimerais bien avoir ton retour, qu'en penses-tu ? ». Cela peut éviter un blocage plus tard. Effet immédiat : vous captez mieux l'état d'esprit de votre audience et ajustez votre message en temps réel.

### Régulièrement : le thermomètre interne

**Objectif :** être attentif à votre propre ressenti pour éviter d'être déstabilisé par une tension ou une frustration non identifiée.

**Concrètement, faites une pause et prenez du recul :** durant un échange, vous sentez une montée d'agacement ou une tension intérieure ? Prenez une inspiration profonde et expirez lentement. Puis, pour gagner du temps, reformulez ce que vous venez d'entendre : « Si je comprends bien, ce qui te préoccupe, c'est... ? ».

Exemple d'application : si un collègue critique frontalement une de vos idées en réunion, plutôt que de réagir immédiatement, posez-lui une question : « Je sens que ce point est important pour toi, peux-tu préciser ce qui te pose un problème ? ». Cela désamorce l'émotion et favorise un échange constructif.

**Effet immédiat** : vous évitez l'escalade et gardez le contrôle de la discussion.

Ces exercices simples permettent de développer une écoute corporelle plus fine, et d'instaurer des relations authentiques dès vos premiers pas dans un nouveau poste.

### Le silence, pilier de l'écoute

Lors d'une prise de poste, le silence prend une dimension particulière. Dans un environnement souvent marqué par une profusion de bruits – échanges d'informations, attentes exprimées ou implicites, projections des uns et des autres – le silence devient un contrepoint essentiel.
Considérez le silence comme une pause fertile, un espace nécessaire pour que les perceptions, les émotions et les interactions trouvent leur juste place. Il vous permet en tant que manager de vous poser, d'observer et de laisser émerger les signaux faibles souvent masqués par l'agitation ambiante.
Ce silence n'est pas un retrait, mais une présence pleine et attentive. Il ouvre la voie à une écoute plus fine : les non-dits des collaborateurs, les tensions latentes, ou les opportunités invisibles dans l'organisation. En osant faire silence, vous montrez votre capacité à contenir l'incertitude et à valoriser la profondeur sur l'immédiateté.
Le silence est la polarité inverse du bruit. Là où le bruit disperse et accélère, le silence rassemble et ralentit. Il est précieux pour savoir quand intervenir et quand se retirer, quand agir et quand observer. En cultivant ce silence, vous posez les bases d'une écoute véritable et d'une confiance durable, pour vous-même et pour votre équipe.

# Faire un rapport d'étonnement

## À quoi sert un rapport d'étonnement ?

Le rapport d'étonnement est un outil stratégique pour la prise de poste. Ce document, souvent sous-estimé par les managers et/ou les organisations, permet de transformer un regard neuf en levier d'intégration et d'amélioration. Il répond à plusieurs objectifs stratégiques :

- **Structurer vos premières impressions.** Lorsque vous arrivez dans une nouvelle organisation, les premières semaines sont marquées par des découvertes, des surprises, et également des incompréhensions. Le rapport d'étonnement structure vos observations et les transforme en éléments analytiques clairs. Il vous aide à prendre du recul et à poser un diagnostic initial essentiel.

- **Offrir un regard neuf à l'organisation.** Un nouvel arrivant dispose d'une perspective unique, non biaisée par les habitudes ou la culture interne. Ce regard extérieur est précieux pour mettre en lumière des pratiques, des processus ou des incohérences que l'organisation ne perçoit plus. Ce que vous remarquez avec un œil neuf, capturez-le car, très vite, vous l'oublierez.
- **Stimuler les échanges et l'amélioration continue.** Le rapport sera un support de dialogue avec vos interlocuteurs (hiérarchie, équipe, pairs). Il ouvre la voie à des discussions sur les forces, les faiblesses et les ajustements possibles.
- **Identifier les signaux faibles.** C'est également un outil pour capter des signaux faibles – pratiques informelles, tensions implicites, comportements révélateurs de la culture organisationnelle – souvent déterminants pour ajuster sa posture managériale.

## Comment structurer le rapport d'étonnement ?

C'est un de vos plus gros défis ! Il doit être clair, synthétique et structuré. Voici une trame recommandée pour l'organiser :

1. **Ce qui marche** : valorisez les forces. Identifiez ce qui fonctionne bien et ce qui surprend favorablement. Cela permet de montrer votre reconnaissance envers l'organisation et de poser une base constructive. Exemple : « L'organisation des réunions hebdomadaires favorise une bonne coordination entre les équipes. »
2. **Ce qui ne marche pas encore** : identifiez les obstacles. Notez les éléments qui posent un problème ou qui semblent incohérents. Ces points doivent être formulés avec tact et de manière

constructive (d'où la formulation « ce qui ne marche pas *encore* », qui montre votre vision optimiste de la situation). Exemple : « Les décisions stratégiques ne sont pas toujours communiquées aux équipes, ce qui crée une certaine confusion. »

3. **Ce qui manque** : il s'agit ici de relever les éléments absents qui devraient, logiquement, exister dans l'organisation. Ce peut être un outil, un processus, un rituel ou une règle du jeu implicite. Ce qui manque n'est pas toujours visible pour ceux qui sont en poste depuis longtemps. Votre regard neuf permet de révéler ces zones d'ombre. Exemple : « Il manque un processus clair pour formaliser les comptes-rendus de réunion. »
4. **Ce qui est possible** : à partir de vos observations, vous pouvez proposer des pistes d'amélioration adaptées au contexte. Ce ne sont pas des rêves ou des injonctions, mais des suggestions réalistes, activables rapidement, qui peuvent faciliter la coopération, fluidifier les échanges ou améliorer la performance. Exemple : « Mettre en place un outil collaboratif pour suivre les projets pourrait améliorer la communication entre les équipes. »

## Trouvez l'équilibre !

Si vous avez collecté trois éléments qui marchent contre quinze qui ne marchent pas encore, il est peut-être temps de changer de lunettes ! Oui, le monde n'est pas parfait, mais il n'est pas non plus aussi sombre qu'il peut paraître à travers le prisme du regard critique. Faites un effort, cherchez activement les aspects positifs et essayez d'arriver à un rapport équilibré, comme cinq points positifs contre trois à améliorer. Rappelez-vous, l'objectif n'est pas de lister tout ce qui ne va pas mais de vous concentrer sur l'essentiel et le constructif. Et surtout, ne faites pas comme Yasmina, qui avait décidé de transformer son rapport en déclaration de guerre contre ses collègues et l'organisation. Autant vous dire que cela n'a pas été un franc succès... Alors, optez pour la bienveillance et l'humour, et gardez en tête que le but est d'ouvrir un dialogue, pas de construire un mur !

## Quels thèmes aborder dans le rapport ?

### Tableau 3.3 : Exemples des grands thèmes à aborder

| | |
|---|---|
| **Résultats (chiffres)**<br>Évaluer la performance et les tendances | Où en sommes-nous sur les objectifs ? Que disent les chiffres clés ? Les tendances du marché ? Nos parts de marché... |
| **Clients**<br>Percevoir la vision des clients et partenaires | Quelle place ont les clients en interne ? Y a-t-il une véritable écoute et une prise en compte des retours clients ? Comment sont gérées les attentes des partenaires ? L'entreprise est-elle orientée satisfaction client ou plutôt process interne ? Les valeurs affichées sont-elles cohérentes avec l'expérience client réelle ? |
| **Communication** | Avez-vous accès facilement aux informations dont vous avez besoin ? Quels sont les canaux de communication privilégiés ? (Emails, réunions, messagerie instantanée, échanges informels ?) Y a-t-il une transparence sur les décisions et les orientations stratégiques ? Comment les retours et feedbacks sont-ils donnés et reçus ? Avez-vous observé des silos entre les équipes ou une communication fluide ? |
| **Équipe** | Comment sont répartis les rôles et les responsabilités dans votre équipe ? Y a-t-il une hiérarchie forte ou un mode de fonctionnement plus agile ? Comment se passent les réunions d'équipe ? Sont-elles efficaces, participatives, formelles/informelles ? Comment se prennent les décisions collectives ? Le leadership est-il incarné de manière inspirante, directive, ou au contraire peu visible ? |
| **Culture, valeurs et comportements**<br>Décoder les valeurs et comportements | Quelles valeurs sont mises en avant officiellement ? Ces valeurs sont-elles réellement incarnées au quotidien ? Quels comportements sont valorisés ou au contraire découragés ? Y a-t-il des rituels, des traditions d'entreprise qui vous ont surpris ? Comment les décisions sont-elles prises ? (De manière hiérarchique, collaborative, informelle ?) |
| **Gestion des projets et des priorités** | Y a-t-il une gestion de projet structurée (méthodologie claire, suivi régulier) ? Les objectifs sont-ils définis et partagés clairement ? Qui décide des priorités et comment sont-elles communiquées aux équipes ? L'entreprise fonctionne-t-elle en mode réactif ou anticipatif ? Y a-t-il une culture du *test & learn* ou une aversion au risque ? |
| **Onboarding**<br>Identifier les risques et opportunités | Comment l'entreprise accueille-t-elle ses nouvelles recrues ? Avez-vous eu accès à un parcours d'intégration structuré ? Qui vous a aidé à comprendre les codes internes ? Vous sentez-vous suffisamment accompagné dans votre prise de poste ? Avez-vous identifié des zones d'ombre pour lesquelles vous auriez aimé plus d'explications ? Y a-t-il une culture du parrainage ou du mentorat ? |

Nous verrons dans le chapitre 4 comment partager et exploiter ce rapport d'étonnement.

## Si je suis le N + 1 du manager en prise de poste, mon focus : sécuriser sa posture d'apprenant

En prise de poste, certains managers pensent qu'ils doivent tout maîtriser et rapidement, surtout s'ils ont été recrutés pour leur expertise. Ce réflexe de savoir-faire risque de les enfermer dans une attitude défensive, avec la croyance que poser des questions est un aveu de faiblesse.

Si je suis son N + 1, je peux l'aider à adopter une posture plus ouverte. Je valorise ses questions. Je montre que la curiosité est une force, pas une faille. Je rappelle que les bons leaders savent apprendre, écouter, ajuster.

Je le soutiens dans ses démarches d'exploration – terrain, entretiens, feedbacks – même si cela prend du temps, car c'est en se montrant curieux qu'il comprendra la culture, les codes, les attentes implicites. J'insiste pour qu'il prépare son rapport d'étonnement.

J'évite autant que possible les injonctions paradoxales comme lui demander de prendre son temps tout en exigeant des résultats immédiats. Je sécurise sa phase de montée en lucidité.

Je montre l'exemple, en acceptant moi aussi de ne pas tout savoir, en me rendant disponible pour réfléchir ensemble, en lui posant des questions sincères, et non pas en lui tendant des pièges.

Chapitre 4

# DU CHEF FUYANT AU LEADER COURAGEUX

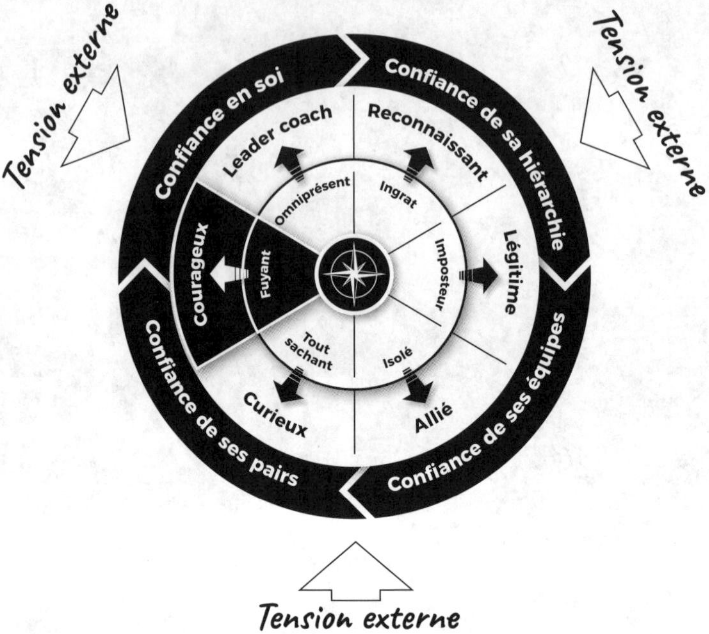


Une prise de poste réveille parfois des tensions. Conflits latents, différences culturelles, résistances à l'autorité : tout cela s'invite dans le quotidien du manager. Or, vouloir être tolérant à l'extrême, faire plaisir à tout le monde, tout harmoniser ou éviter la confrontation peut devenir un piège.

Ce chapitre explore le courage d'entrer en relation, même quand il y a des frictions. Être un leader ouvert, c'est accueillir les points de vue divergents, arbitrer avec équité, et poser un cadre clair qui favorise l'expression sans débordement. C'est oser nommer, clarifier, traverser ce qui dérange sans blesser ni fuir. Et si « ça frotte », ce n'est pas un problème. C'est souvent un signe que la confiance commence à s'installer : vous êtes suffisamment solide pour entendre ce que les autres ont à vous dire, et les autres sentent qu'ils peuvent parler. Vous faites preuve d'autorité sans être autoritariste.

Si cette confrontation vous fait encore trop peur ou vous paraît trop risquée, si vous craignez de perdre l'adhésion en vous exposant, revenez au chapitre 3. Vous y retrouverez l'élan de la curiosité, cette capacité à s'ouvrir sans se défendre, à accueillir ce qui émerge sans vouloir tout contrôler.

# Le piège de l'harmonie à tout prix

## Pourquoi la tolérance est un leurre

Sylvie vient d'être nommée directrice des opérations dans une entreprise dont elle a aisément gravi les échelons depuis dix ans. Sa nomination était presque une évidence. Dès son arrivée, elle applique les principes essentiels de la prise de poste, qu'elle connaît bien : observer, écouter, comprendre avant d'agir. Elle prend le temps de rencontrer chacun, d'identifier les sensibilités, de capter les non-dits. Bien joué ! Malheureusement, un autre facteur essentiel dégrade le climat : le business. Les délais de production s'allongent, les coûts explosent et le service client gère un volume anormalement élevé de réclamations. Un client stratégique menace de résilier son contrat. Un autre exige des pénalités financières pour retard de livraison. L'équipe est sous tension, chacun essaie d'éteindre des départs de flamme, mais personne ne sait vraiment où concentrer ses efforts.

Sylvie redoute de brusquer l'équipe et d'imposer une vision trop tôt. Son intention est bonne : elle veut préserver l'harmonie et que les décisions viennent naturellement, qu'il y ait un consensus. Les équipes, elles, suspectent un manque de direction. À force d'attendre, le doute s'installe. « Elle est sympa, elle nous écoute beaucoup... mais on ne sait toujours pas où elle veut aller. »

« On tourne un peu en rond, non ? » « Elle a du mal à trancher, on attend son feu vert mais rien ne vient. » Si Sylvie hésite autant, ce n'est pas un hasard. Derrière son besoin d'harmonie se cache une peur plus profonde du conflit et de la perte de contrôle. En période d'essai, elle craint le moindre faux pas.

Un matin, c'est le déclic : le message d'un client tombe dans sa boîte mail : « Nous sommes désolés, mais nous ne pouvons plus continuer dans ces conditions. » Électrochoc. Elle comprend qu'il est temps d'agir avant d'obtenir un consensus et pose un premier jalon en définissant un plan d'actions rapide : elle identifie les décisions bloquantes et tranche en priorisant l'impact business. Ainsi, elle reprend le leadership des arbitrages clés et annonce une direction assumée. En faisant part de ce plan à son comité de direction, Sylvie s'attend à des résistances. Au contraire, c'est un soulagement. L'équipe avait besoin d'un cap. Sylvie comprend qu'un leader en prise de poste doit se montrer ouvert mais sans s'effacer. Il doit avant tout donner une direction. Comment le suivre sinon ?

## Tolérance ou manque de courage managérial ?

Sylvie (ci-dessus) se concentre sur le maintien de la paix à tout prix. Dans un environnement où les conflits sont évités ou minimisés, cette approche peut donner l'impression que tout va bien. Pourtant, elle repose souvent sur des non-dits, des malentendus et des frustrations qui finissent par nuire à la cohésion de l'équipe. Le chef tolérant fuit les tensions par peur de créer des vagues, mais il provoque une autre forme de blocage : l'attente, l'immobilisme, l'incertitude. Ironie : l'absence de direction devient elle-même une source de tensions. L'inaction nuit au business, conduit à des désengagements et des conflits latents.

## Ces mauvaises stratégies qui créent du flou et des tensions

- Esquiver en réunion les sujets délicats mais essentiels pour l'équipe.
- Maintenir une définition floue des responsabilités pour ne froisser personne.
- Reporter indéfiniment les décisions.
- Procrastiner le traitement des désaccords : « Prenons le temps d'y réfléchir et reparlons-en plus tard. » Les conflits s'endorment sans jamais disparaître.
- Édulcorer les feedbacks par peur de décevoir les équipes.

Dans cet exemple, l'équipe consacre plus d'énergie à la gestion des humeurs qu'à la stratégie. Petit à petit, l'essentiel devient secondaire. Le vrai travail ? Préserver la sérénité de Sylvie. On préfère contourner les problèmes plutôt que de risquer une discussion inconfortable. Et pendant ce temps, les décisions stratégiques attendent... Or trop de tolérance tue l'action ! Vouloir un climat serein est légitime. Mais l'harmonie à tout prix devient un piège dès qu'elle empêche d'affronter les vrais sujets. Éviter les tensions ne les fait pas disparaître, cela les rend simplement invisibles... jusqu'au jour où elles explosent. Sylvie incarne le chef tolérant. Celui qui absorbe les tensions, cherche l'équilibre, évite les vagues ; mais à trop vouloir protéger l'équipe, il finit par la freiner et se mettre lui-même en danger.

Les règles existent pour donner un cadre clair, éviter les incompréhensions et poser les bases d'un bon fonctionnement d'équipe. Elles servent de repères, rassurent et permettent à chacun de savoir où il va. Nous en développons le principe plus bas.

Mais un cadre figé, appliqué sans nuance, peut devenir un piège. Tolérer, c'est donc parfois savoir sortir du cadre… pour de bonnes raisons. Dans son célèbre ouvrage *Humble Inquiry*, le sociologue et psychologue Edgar Schein le dit bien : un leader efficace n'applique pas des règles de façon mécanique, mais sait écouter, s'adapter et faire preuve de discernement. Parfois, accepter un écart est un acte de management réfléchi. **Pourquoi est-il utile, parfois, de tolérer ?**

- Parce que la situation l'exige : un collaborateur traverse une période difficile et un aménagement temporaire s'impose.
- Parce que l'innovation passe par l'expérimentation et qu'un cadre trop rigide étouffe la créativité.
- Parce qu'il faut savoir distinguer l'essentiel de l'accessoire : faire évoluer les règles pour servir l'équipe, pas l'inverse.
- Parce que tolérer une erreur dans une dynamique d'apprentissage peut être un vrai levier de progression.

Attention ! Un leader qui tolère doit toujours expliciter son intention : « On s'écarte exceptionnellement de la règle, et voici pourquoi… » C'est crucial pour éviter que l'exception ne devienne une habitude. Si l'équipe ne comprend pas la logique derrière l'exception, elle finit par ne plus comprendre la règle tout court.

Trop de tolérance peut aussi être le signe d'un manque de courage. Le philosophe Karl Popper parlait du paradoxe de la tolérance : tolérer sans limite, c'est fragiliser le cadre lui-même. Idem en management : une équipe a besoin de règles claires pour fonctionner. Si les exceptions deviennent la norme, le cadre s'effondre.

**Le leader ouvert sait quand il faut tenir bon et quand il peut assouplir la règle.** Il ne tolère pas pour éviter un conflit ou se faire aimer, il tolère parce que cela a du sens. C'est dans cette posture d'ouverture courageuse qu'il occupe toute sa place et montre qu'on peut lui faire confiance.

# Adopter la posture d'ouverture

## Confronter : un art pour progresser ensemble

À l'opposé du chef fuyant, il y a le chef autoritariste, celui qui, refusant toute confrontation, a tendance à décider seul, malgré un angle mort énorme. Avec le risque d'aller dans le mur, ce dont témoigne Bertrand : « Je pensais que tout allait bien dans mon comité de direction. Les réunions étaient fluides, rapides. Tout le monde approuvait mes décisions. J'ai su par la suite que les équipes parlaient entre elles mais jamais devant moi et jamais en réunion. Le projet stratégique que je menais avait de gros défauts. Tout le monde le savait mais personne n'osait me le dire en face. Moi aussi, j'avais une stratégie d'évitement. J'étais certain d'aller dans la bonne direction et je n'avais pas envie qu'on me contrarie. Résultat : j'ai complètement raté le lancement d'un produit et perdu plusieurs millions d'euros. J'ai surtout, ce jour-là, ruiné ma crédibilité. »

Quand l'équipe ne confronte pas, elle contourne, ce qui est bien plus dangereux. Que tout soit « toléré » ou qu'il n'y ait pas de décision à challenger faute de possibilité de débat, on constate alors une absence d'engagement de l'équipe. Chacun hoche la tête sans rien dire mais cela peut être le signe que les collaborateurs craignent de parler, ont renoncé à être écoutés ou « n'y croient plus vraiment ». Dans les trois cas, il faut s'inquiéter.

**Le leader courageux, lui, ose la confrontation.** Il a appris à écouter vraiment et à poser les règles du jeu. Il adopte une approche transparente, sans tabou, dans laquelle tous les sujets sont abordés de manière constructive et respectueuse. Ce leader voit dans la confrontation une opportunité d'apprentissage et de clarification, en permettant à chaque membre de l'équipe de s'exprimer librement. Cette posture, loin de cultiver la défiance, crée au contraire un environnement de confiance et renforce la cohésion du groupe. Cela nécessite de se mettre en présence avec une intention claire et explicitée.

## Laisser de l'espace pour la confrontation

Parmi d'autres approches possibles, il y a celle de laisser un véritable espace, s'autoriser un « **temps vide plein** » : c'est-à-dire oser ouvrir dans l'agenda des temps de 45 minutes à une heure où chacun pourra exprimer ce qui lui semble essentiel, au-delà des urgences et des priorités business. Ce n'est pas un simple « tour de météo », mais un moment où l'on accepte de poser un regard neuf sur les sujets, d'explorer des perspectives inattendues. Bien sûr, créer ce moment demande du courage. D'abord, parce que la tentation de remplir chaque minute est forte (nous sommes tous débordés, il faut atteindre les objectifs business). Ensuite, parce que ces échanges peuvent être complexes, imprévus, parfois inconfortables. Un leader courageux les accueille, les canalise et les fait vivre pour que chacun puisse s'exprimer.

Libérer des « temps vides pleins » est une autre manière de travailler, plus fluide, plus ouverte. Pour le manager, l'enjeu est double : garder le contrôle du cadre, tout en acceptant de ne pas maîtriser le contenu. Des sujets vont pointer, l'intelligence collective va se déployer. Car c'est souvent dans ces moments d'ouverture que surgissent les idées les plus puissantes et les prises de conscience les plus profondes.

### Il y a confrontation et confrontation !

En prenant son poste, Philippe a annoncé qu'il tenait à ce qu'il y ait de la confrontation au sein de l'équipe. Cela a bien plu à Marianne, qui a plutôt du bagou et se sentait bridée par les règles qu'avait imposées le manager précédent (en gros : « pas de débat, je décide, vous mettez en œuvre »). Dès les premières réunions avec Philippe, chacun se sent libre de s'exprimer. Philippe apprécie qu'il y ait de nombreux échanges et débats. Mais au bout de quelques semaines, « ça dérape ». Les discussions sont agressives, certains jugements sont tranchants, presque cassants. Les réunions virent aux affrontements stériles. Celui qui parle le plus fort ou en dernier impose son point de vue. Résultat ? Les plus introvertis et ceux qui fuient le conflit n'osent plus intervenir. L'équipe tourne en rond, les décisions sont biaisées, et des tensions montent. Pas étonnant dans cette équipe en pleine transformation, au sein de laquelle deux visions s'opposent. Philippe a omis une chose essentielle : la confrontation est utile, mais il faut absolument qu'elle soit cadrée. Pour retrouver un dialogue apaisé entre les membres de son équipe, il devra passer par l'établissement de règles explicites et admises par tous.

## Confronter

Le mot « confronter » vient du latin *confrontare*, qui signifie « se mettre en présence les uns les autres pour s'accorder sur un sujet donné ». Confrontation sous-entend défiance. La défiance est un désaccord, un manque de confiance, une crainte d'être trompé... mais en aucun cas une déclaration de guerre avec intention d'humilier ou écraser. Confronter, c'est mettre en commun des points de vue pour trouver la meilleure solution. Une équipe qui se confronte est une équipe qui construit dans la confiance :

- Elle se sent libre et ose poser des questions.
- Elle veut faire avancer les choses.
- Elle améliore les décisions collectives.

## Poser les bases d'une saine confrontation

À quoi servent les règles de fonctionnement ? À poser un cadre de confiance et de collaboration. Des règles claires garantissent un environnement où chacun se sent en sécurité pour exprimer ses idées. Si ce cadre est bien posé, la confrontation devient un outil puissant pour avancer ensemble, sans que les émotions prennent le dessus et donc sans tensions inutiles. Vous pouvez faire appel à un coach pour structurer cette démarche fondatrice dans la vie d'une équipe. Le plus important est que ce cadre soit co-construit et validé par l'équipe. Cela doit faire sens pour tout le monde.

Voici quelques pistes simples, mais essentielles, à mettre en place pour que les confrontations et les échanges restent constructifs et respectueux :

- **Clarifier l'intention de chaque échange**
  Pourquoi ce sujet est-il sur la table : pour information, pour décision, pour action, pour échange ?
  Chaque fois qu'on démarre une discussion, en *one-to-one* ou en collectif, surtout sur un sujet sensible, il faut clarifier l'objectif de la conversation. Cela évite les malentendus.
- **Dire « je » plutôt que « tu »**
  Plutôt que de pointer l'autre du doigt (le « tu qui tue »), mieux vaut exprimer ses ressentis à la première personne du singulier. Vous évitez les accusations et ouvrez le dialogue. Par exemple : « J'ai besoin d'avoir des directions plus claires pour ce projet » est bien plus constructif que « tu n'as pas dirigé ce projet comme il faut ». L'autre comprend sans se sentir attaqué.
- **Assurer l'équité du temps de parole**
  On n'est pas là pour écouter toujours les mêmes personnes. Si vous voyez que certaines restent en retrait, prenez le

temps de leur donner la parole : « Pierre, Sarah, qu'en pensez-vous ? ». Assurez-vous que tous puissent s'exprimer, car une confrontation est saine si tout le monde a la possibilité de donner son avis.

- **Respecter la confidentialité des échanges**
  Certaines discussions doivent rester dans la confidentialité, surtout quand il s'agit de sujets sensibles. Le rappeler garantit que tout le monde se sente en sécurité. Par exemple : « Ce que nous partageons ici reste dans le cadre de l'équipe. »
- **Être vraiment présents**
  Si vous voulez une implication réelle dans une discussion, libérez l'équipe de ses distractions (téléphones, ordinateurs) sauf nécessité absolue.
- **Laisser la place à l'humour et au fun**
  Travailler sérieusement ne signifie pas se prendre au sérieux en permanence. L'humour, la légèreté et le fun sont des leviers utiles pour créer du lien, relâcher la pression et favoriser un climat de confiance. Une équipe qui rit ensemble est une équipe qui se sent en sécurité, qui ose plus, qui apprend mieux.

Bien sûr ces règles de saine confrontation fonctionnent pour l'équipe comme pour les échanges bilatéraux.

**Et vous ?**

- Comment acceptez-vous l'idée d'être challengé ? Rappelez-vous de « ne pas en faire une affaire personnelle » (voir les accords toltèques dans le chapitre 2) !
- Quelles règles de fonctionnement souhaitez-vous poser ou avez-vous posées (ou co-construites) avec votre équipe ?
- Expérimentez : lors de votre prochaine réunion, posez par exemple cette question en ouverture : « À votre avis : quel élément de notre fonctionnement actuel devons-nous challenger ? » et observez ce qui se passe...

## Incarner et cultiver l'intention collaborative

En tant que manager, votre rôle est de veiller au respect de ces règles au quotidien. Si vous-même les appliquez en manifestant votre intention collaborative, l'équipe suivra. C'est vous qui allez garantir que les échanges restent respectueux et productifs, même dans les moments de tension. Vous qui allez initier les conditions pour que la confrontation soit un levier d'engagement et de résultat. Vous qui allez favoriser cet environnement de confiance, dans lequel les désaccords sont gérés et où l'équipe peut collaborer pleinement pour atteindre ses objectifs.

Dans leur ouvrage *Radical Collaboration*, Jim Tamm et Ron Luyet utilisent une métaphore colorée : ils parlent des trois zones « verte », « rose » et « rouge » pour décrire à quoi peut ressembler une culture organisationnelle (par exemple celle de votre équipe) ou un état d'esprit individuel :

- **La zone rouge se caractérise par un mode « combat » :** pas de confiance ni de responsabilisation. On protège son pré carré, sur un mode à la fois défensif et offensif. Agressivité, violence et abus règnent en maître. La relation est inexistante.
- **La zone rose est un rouge dégradé : c'est une zone où règnent le non-dit et l'évitement.** Chacun tente de survivre aux autres en se protégeant avec des comportements passifs-agressifs.
- **La zone verte est celle de la collaboration ouverte, fondée sur la confiance.** La sécurité psychologique qu'elle offre permet de se dire les choses, de traverser des conflits constructifs. On voit l'autre comme un partenaire (et non comme un adversaire). Un point de vigilance : attention à la zone « pastèque » : quand tout semble vert vu de l'extérieur mais que la réalité est plutôt rouge…

Votre mission de manager est d'amener et de garder votre équipe en zone verte car c'est à ce stade de maturité collaborative que vous générez le plus d'engagement, d'innovation, de productivité et de performance. Comment faire ? En musclant votre capacité (et celle de vos collaborateurs) à reconnaître dans quelles zones se situent les collaborations et à les faire, si besoin, basculer dans la zone verte. Quand votre autodiagnostic établit que la zone de l'équipe ou celle de certaines collaborations au sein de l'équipe sont roses voire rouges, ou risquent de tomber dans le rouge, nous vous recommandons, si possible, de faire appel à un coach : il vous accompagnera pour approfondir le diagnostic et trouver des solutions pour vous rapprocher de la zone verte.

Comme rien n'est jamais complètement acquis, la zone verte doit se cultiver en manifestant et en incarnant **l'intention collaborative**. Ce que vous faites quand vous :

- **créez et entretenez un cadre de sécurité psychologique et de confiance** dans lequel chacun peut s'exprimer librement sans crainte de jugement, d'attaque personnelle ou de représailles (voir les règles décrites plus haut) ;
- **encouragez l'écoute** dans la posture d'ouverture, laissez la place à cette **confrontation** qui donne l'occasion de mieux se comprendre et de faire avancer les choses ensemble ;
- **reconnaissez et valorisez les contributions**, les fameux feedbacks dont nous parlerons dans le chapitre 6 ;
- **partagez une vision**, comme nous l'expliquons dans le chapitre 5.

Donnez à votre équipe les moyens de vibrer avec cette même intention collaborative !

## Être attentif aux émotions que traverse l'équipe

Corentin est pris dans une tempête émotionnelle forte. Dès son arrivée, il perçoit une tension palpable. Certains collaborateurs lui adressent à peine la parole, d'autres expriment ouvertement leur frustration face aux nombreux changements en cours. On lui lance même : « Encore un chef qui va nous imposer ses idées sans nous écouter ! », « de toutes façons, quoi que l'on dise, cela ne servira à rien », « ras le bol, j'en suis à mon sixième chef en cinq ans… »

Face à cette situation, Corentin aurait pu :

- se braquer et répondre sur la défensive « Ce n'était pas moi avant, alors ne me parlez pas comme ça ! » ou « Je n'y peux rien si vous avez vécu tant de changements ! » ;
- éviter le sujet et faire comme si de rien n'était, en espérant que « ça passera avec le temps ».

Il préfère appliquer **la règle d'or de la gestion des émotions** :

- **Reconnaître l'émotion** : il prend un moment pour observer et réaliser que son équipe ressent de l'incertitude et de la frustration.
- **Accepter la situation :** il ne cherche pas à minimiser les réactions ni à se justifier immédiatement.
- **Écouter et poser des questions ouvertes :** plutôt que de réagir instinctivement, il interroge : « Je vois que cette situation suscite des inquiétudes. Pouvez-vous me dire ce qui vous préoccupe le plus ? »
- **Mettre en œuvre des actions concrètes** qui répondent aux besoins sous-jacents. En laissant sa nouvelle équipe s'exprimer sans jugement, il désamorce une partie des tensions. Les émotions, une fois reconnues, perdent de leur intensité. L'équipe se sent écoutée et commence progressivement à avancer avec lui.

Une émotion correspond à un besoin. Le tableau ci-dessous aide à associer les émotions aux besoins de l'équipe accueillant un nouveau manager. Il propose des pistes d'action pour satisfaire ces besoins et, ainsi, aider l'équipe à traverser son émotion.

**Tableau 4.1 : Comment accueillir les émotions traversées par ma nouvelle équipe**

| Émotions vécues par l'équipe | Description (exemple) | Besoins clés de l'équipe | Comment m'ajuster |
|---|---|---|---|
| **Choc** | L'équipe est surprise par l'annonce de l'arrivée d'un nouveau manager, sans savoir à quoi s'attendre. | Du temps pour assimiler, communication claire, apaisement. | Me présenter avec authenticité, poser un cadre rassurant, prendre le temps d'écouter. |
| **Déni** | Certains refusent d'accepter le changement de manager et espèrent que rien ne va vraiment changer. | Des informations précises et rassurantes sur ce qui va évoluer ou rester stable. | Ne pas brusquer les choses, donner des repères concrets et répondre aux interrogations. |
| **Colère** | Frustration et résistance face aux nouvelles méthodes ou décisions perçues comme imposées. | La reconnaissance des inquiétudes, un espace pour exprimer les frustrations. | Laisser chacun exprimer ses ressentis, éviter de rentrer en confrontation, expliquer mes intentions. |
| **Peur** | Inquiétudes des collaborateurs sur leur rôle, leur avenir, leur place dans cette nouvelle organisation. | De la transparence sur les attentes, de la réassurance sur leur rôle et leur valeur. | Prendre le temps d'expliquer ma vision, donner des signes de reconnaissance individuels (voir chapitre 6) |
| **Tristesse** | Nostalgie de l'ancien manager, impression de perdre des repères familiers. | Une écoute active, la reconnaissance de l'héritage du passé. | Reconnaître le travail accompli avant mon arrivée, ne pas nier l'attachement au passé. |
| **Curiosité** | Ouverture progressive : l'équipe commence à se poser des questions sur la nouvelle dynamique. | Des échanges ouverts, des encouragements à poser des questions. | Inviter l'équipe à des discussions ouvertes, créer un climat de confiance. |
| **Acceptation** | Les collaborateurs trouvent leurs repères et commencent à voir les bénéfices du changement. | Une clarification des objectifs communs, un accompagnement personnalisé. | Clarifier ma posture, donner des responsabilités progressives et ajuster mon style de management. |

| Émotions vécues par l'équipe | Description (exemple) | Besoins clés de l'équipe | Comment m'ajuster |
|---|---|---|---|
| **Engagement** | L'équipe s'implique, prend des initiatives et participe activement aux nouveaux projets. | Des opportunités de collaboration, de valorisation des succès. | Favoriser l'autonomie et la prise d'initiative, créer des projets fédérateurs, encourager la prise d'initiative. |
| **Joie** | L'intégration est réussie, l'équipe fonctionne bien et ressent de la satisfaction. | La célébration des avancées, une mise en avant des réussites collectives. | Féliciter les efforts, organiser des moments de partage, renforcer le sentiment d'appartenance. |

# L'ouverture a ses limites : savoir dire non

## Désamorcer la peur de dire non

Un manager confie : « Je sais que je devrais refuser certaines demandes, mais je n'y arrive pas. À chaque fois, je me dis que ça ne coûte rien, que c'est plus simple de dire oui... Je pense que je vais perdre davantage de temps à expliquer à mes équipes ce qu'il faut faire plutôt que de le faire moi-même... Et je finis débordé, à gérer des sujets qui ne sont pas les miens. »

### Et si on arrêtait d'imaginer le pire ?

Exprimer un refus, fixer une limite sont des défis quotidiens pour beaucoup de managers. Combien acceptent des réunions inutiles, des dossiers qui ne les concernent pas, des décisions qu'ils ne valident pas vraiment, simplement pour éviter un inconfort immédiat ? La peur de dire non n'est pas qu'une question de politesse ou de bienveillance. Elle repose sur un mécanisme profond, identifié par des chercheurs en psychologie : la surestimation des conséquences négatives d'un refus. On imagine que dire non, c'est risquer une tension, une incompréhension, une perte de crédibilité. Alors on préfère céder. On dit oui, encore et encore, jusqu'à s'oublier soi-même.

Cette peur exagérée des conséquences est en grande partie liée à deux biais cognitifs bien documentés. Le **biais de négativité** explique pourquoi notre cerveau accorde plus d'importance aux conséquences négatives qu'aux positives. En d'autres termes, nous anticipons plus fortement les désagréments d'un refus que les bénéfices d'une prise de position claire. Ce biais est renforcé par le **biais d'impact**, qui nous pousse à surestimer l'intensité et la durée des émotions négatives que nous ressentons après un refus. Des études montrent que nous imaginons souvent des réactions bien plus graves que celles qui se produisent réellement.

Tout cela est souvent faux ! Le problème n'est pas notre refus mais la projection que nous faisons de ses conséquences. Ce cercle vicieux nous enferme : plus nous redoutons l'impact d'un refus, plus nous acceptons à contrecœur... et plus nous nous sentons pris au piège.

Un exercice simple pour s'entraîner à dire non consiste à imaginer les pires conséquences que pourrait entraîner un refus. L'exagération, par son absurdité, désamorce la peur. Par exemple : « Si je refuse cette demande, mon équipe va se rebeller et exiger ma démission » ou « si je dis non à cette réunion, je vais être perçu comme un mauvais manager et perdre toute crédibilité », ou encore « si je décline cette tâche, mon avenir professionnel est fichu ». Dans l'immense majorité des cas, les conséquences d'un non sont bien plus minimes que ce que l'on imagine.

## Pourquoi dire non est encore plus difficile en prise de poste ?

La prise de poste est un passage très sensible. La pression de devoir prouver sa valeur et gagner sa place est immense, et dire non peut sembler risqué. On a peur qu'un refus soit perçu comme un manque d'engagement, voire un signe de faiblesse, de rigidité ou de manque de coopération. Pour certains, la peur de ne pas être confirmé dans le poste repose sur la peur de conséquences financières réelles. Comme c'est une question de sécurité personnelle, dire oui devient un réflexe, un moyen de se protéger.

On a envie de se faire accepter rapidement, de montrer son engagement. Mais à force de dire oui, on s'éparpille et on perd sa clarté. On se retrouve à gérer des tâches non essentielles, sans vraiment avancer. Bref, on se noie.

### Dire non, c'est aussi dire oui

Dire non à l'autre, c'est se dire oui à soi : il y a dans le refus quelque chose d'essentiel, un oui caché. Chaque non est un choix. Un choix de préserver du temps, de l'énergie, une vision claire des priorités. **Dire non, c'est dire oui à ce qui compte vraiment** :

- Dire non à une réunion inutile, c'est dire oui à du temps de concentration.
- Dire non à une sollicitation pour une tâche qui n'est pas de son ressort, c'est dire oui à l'autonomie de son équipe.
- Dire non à une demande mal formulée ou sans objectif clair, c'est dire oui à l'efficacité collective.
- Dire non à un comportement inapproprié, c'est poser ses limites.

Un manager qui dit oui à tout ne sert plus ses propres convictions, il se contente de réagir. Fixer une limite, c'est poser un cadre. Et un cadre permet aux équipes de grandir. Montrez-vous disponible, mais pas à disposition.

À titre individuel, savoir dire non est clé pour poser ses limites et protéger son temps et son énergie. C'est une compétence fondamentale de manager en prise de poste, coincé entre les attentes de son N + 1 et celles de son équipe. D'un côté, des objectifs à atteindre, des urgences qui s'empilent, des demandes incessantes. De l'autre, une équipe qui attend du soutien, des priorités claires, et une gestion de la charge de travail. Accepter tout, c'est risquer de couler sous la pression et de noyer votre équipe avec vous. Le non est un fantastique outil pour filtrer les demandes, distinguer ce qui est réellement prioritaire et ce qui peut attendre. Il est toujours marquant de voir les managers que nous accompagnons si fiers d'avoir dit non à leur N + 1.

**Et vous ?**

- Quel est le dernier oui que vous avez dit alors que vous auriez préféré dire non ?
- Que ce serait-il passé si vous aviez osé refuser ?
- Et si, à la prochaine sollicitation que vous souhaitez refuser, vous testiez un non clair et assumé ?

## Comment dire non ?

Le secret est de dire non avec intelligence, en gardant le bon équilibre entre fermeté et diplomatie. Faites-le dès vos premiers jours de prise de poste pour éviter de vous retrouver submergé ou de créer des attentes irréalistes. Savoir poser ses limites dès le départ est un levier efficace pour construire une posture claire et respectée, et instaurer la confiance.

## Expliquer sans justifier

L'erreur classique, quand on dit non, est d'en faire trop. Trop d'explications, trop de justifications, trop d'excuses. Plus on s'embourbe dans un raisonnement, plus on laisse l'autre penser qu'il y a peut-être une faille, une ouverture pour insister. **Un non clair et factuel est plus respectable qu'un non hésitant et mal assumé.** Un nouveau manager peut vite se retrouver dans cette situation lorsqu'un N + 1 lui confie un projet ambitieux dès son arrivée. Par réflexe, il pourrait répondre qu'il a déjà beaucoup à faire, qu'il va essayer, qu'il verra ce qu'il peut faire... Mais ce flou crée une attente et le piège se referme. À la place, mieux vaut dire quelque chose comme : « Je comprends l'importance de ce projet. Pour le mener à bien, j'ai besoin de clarifier les priorités avec vous. Peut-on revoir mon planning ensemble pour nous assurer que je peux tout gérer efficacement ? ». Cela permet de poser des limites tout en montrant une volonté d'organisation et d'alignement.

## Proposer une alternative

Dire non ne signifie pas fermer la porte brutalement. On peut refuser tout en proposant une autre manière de contribuer. C'est un moyen efficace d'être perçu comme constructif et collaboratif. Prenons le cas des réunions. Un manager en prise de poste reçoit souvent une avalanche d'invitations, parfois sans réel enjeu pour lui. Plutôt que de décliner sèchement, il peut demander : « Merci pour l'invitation. Pour être sûr d'optimiser mon temps, quelle est ton intention en m'invitant à cette réunion ? Est-ce que ma présence est indispensable ? Sinon, je peux contribuer en amont par écrit. » Cette approche oblige l'autre à préciser son besoin et, bien souvent, il réalise lui-même que la présence du manager n'est pas nécessaire.

## Rester aligné avec les priorités

Un non qui a du sens est souvent bien reçu. Par exemple, se référer aux priorités communes montre que le refus n'est pas arbitraire mais sert un objectif clair. Si votre N + 1 vous demande de prendre en charge un sujet supplémentaire alors que vous êtes déjà pleinement engagé sur d'autres dossiers stratégiques, vous pouvez répondre : « Je propose de me concentrer sur le projet X, qui est notre priorité actuelle. Si besoin, nous pouvons voir ensemble comment réorganiser les autres sujets pour équilibrer la charge. » En posant les choses de cette manière, vous recentrez la discussion sur l'essentiel et évitez de vous disperser.

## Utiliser le non progressif

Isabelle se connaît bien et sait que dire non est difficile pour elle, surtout quand une demande arrive à l'improviste. Elle témoigne : « J'ai tendance à dire oui trop vite, par réflexe, par envie d'aider, ou juste pour éviter un malaise. Pourtant, je me retrouve ensuite piégée, frustrée d'avoir accepté sans réfléchir, avec une charge en plus que je n'avais pas anticipée. Dire non me demande un effort, et je sais que j'ai besoin de temps pour formuler une réponse sans me sentir sous pression. Quand un collègue me sollicite au dernier moment alors que mon agenda est déjà surchargé, la tentation est forte de répondre oui immédiatement. J'ai appris à prendre un temps de recul. Plutôt que de céder sous l'émotion, je réponds : "Je ne suis pas sûre de pouvoir m'engager sur ce point pour le moment. Est-ce que je peux te rappeler après avoir consulté mon planning ?". Ce simple délai m'évite de me précipiter dans un engagement que je pourrais regretter et me laisse du temps pour prendre une décision plus juste. »

## Couper court aux relances

« Je lui ai pourtant dit non, mais il revient toujours à la charge ! » Il arrive qu'un premier non soit pris comme une invitation à insister. On vous demande un service, vous refusez poliment. Vous vous montrez tellement désolé que votre interlocuteur revient à la charge, tente de minimiser l'effort demandé, joue sur la corde émotionnelle. Si vous vous justifiez trop, vous ouvrez la porte à une négociation. Dans ces moments-là, posez un non définitif. Pas de long discours, pas d'ouverture. Un non ferme, posé, qui ne laisse aucune place au doute. Si un collègue insiste pour que vous l'aidiez alors que vous avez déjà dit non une première fois, ne rentrez pas dans un échange sans fin. « Je ne pourrai pas le faire. Je te laisse voir avec quelqu'un d'autre. » (Idéalement, suggérez-lui une autre solution.) Et si la personne continue à insister ? Ne vous justifiez plus. « J'ai été clair. »

Souvent, le silence est plus efficace qu'un discours. Quand vous avez dit non, arrêtez de parler et laissez l'autre remplir le vide. Vous verrez, c'est souvent lui qui lâchera prise.

Dire non est un acte de leadership. Ce n'est pas refuser de contribuer, c'est faire des choix, décider où l'on met son énergie pour être le plus utile. Un manager qui sait poser des limites de manière claire et bienveillante gagne en crédibilité et en respect. Dire oui à tout, c'est s'épuiser, se disperser et, inévitablement, finir par ne plus être performant. **Un non bien formulé est souvent plus apprécié qu'un oui contraint et inefficace.** La prochaine fois qu'on vous demande quelque chose, posez-vous cette question : « Si je dis oui à cela, à quoi vais-je devoir dire non ? ».

En disant non avec justesse, vous n'êtes pas un manager qui ferme les portes, mais un qui ouvre la voie à une plus grande efficacité et à un meilleur équilibre.

# S'ouvrir en partageant son rapport d'étonnement

## Partager avec l'équipe avec parcimonie

Le rapport d'étonnement (voir chapitre 3) est un outil stratégique puissant dans ce processus. Il vous permet de poser un regard neuf sur l'organisation, d'identifier ce qui surprend, ce qui questionne ou ce qui semble décalé. Il va même plus loin : il vous donne l'occasion de vous positionner en tant que leader et d'orienter l'action de votre équipe. Il devient ainsi la colonne vertébrale de votre posture de manager. Partager ce rapport est un excellent moyen de montrer votre volonté de comprendre leur réalité et de travailler en collaboration. Attention cependant ! Faites-le avec parcimonie, sans tout dévoiler ! Il y a, dans ce processus, un équilibre à trouver entre la tentation de tout partager rapidement et sans filtre, et le besoin de garder une vision stratégique globale. L'option de transparence séduit par la perspective de gagner rapidement la confiance de l'équipe. Or c'est souvent une erreur car dire trop vite ce que l'on pense risque de braquer les autres, surtout lorsqu'on est nouveau. Partager son rapport d'étonnement mérite une préparation et un détour, sans quoi on risque de donner l'impression d'avoir un regard non ajusté. Trois repères pour cette étape :

- **Sélectionnez les éléments pertinents** : partagez uniquement les observations directement liées à leur quotidien. « J'ai observé une grande capacité d'adaptation face aux imprévus, ce qui est une vraie force de l'équipe. »
- **Encouragez le dialogue** : posez des questions ouvertes pour recueillir leurs perceptions. « Avez-vous le sentiment que certaines pratiques pourraient être améliorées pour gagner en efficacité ? »

- **Insistez sur l'amélioration collective** : soulignez que le rapport est un point de départ pour travailler ensemble. « Mon objectif est de vous accompagner au mieux. Vos retours sont essentiels pour affiner cette première analyse. »

Un rapport d'étonnement bien rédigé et partagé avec intelligence est bien plus qu'un simple exercice. Il devient un outil puissant pour initier un dialogue constructif, poser les bases de relations de confiance et amorcer un impact positif dès les premières semaines. Que ce soit avec votre N + 1 ou vos N – 1, il s'agit avant tout de cultiver une posture d'écoute, d'ajustement et de collaboration pour construire ensemble une dynamique gagnante, un levier de confiance et d'engagement.

Prenons l'exemple d'Arthur, récemment nommé chief revenue officer (CRO) d'une jeune pousse spécialisée dans les solutions SaaS pour la gestion des chaînes d'approvisionnement. Lors de sa prise de poste, Arthur analyse les performances commerciales et découvre un point surprenant : bien que l'entreprise investisse massivement en marketing digital, le taux de conversion des leads en clients reste étonnamment bas, et les cycles de vente s'étirent sur plusieurs mois. Curieux, Arthur mène une série d'entretiens avec les équipes commerciales et marketing. Il identifie assez rapidement un décalage : les campagnes marketing génèrent principalement des leads issus de PME, alors que la solution SaaS est conçue pour des entreprises de taille intermédiaire et des grands comptes, qui ont des besoins plus complexes et des processus d'achat plus longs. L'alignement entre l'acquisition et la conversion est sous-optimal.

Arthur entrevoit déjà des solutions de correction. Il sait néanmoins d'expérience qu'il doit se méfier de la « fausse bonne idée ». Il décide donc de commencer par partager avec son équipe ses observations. Et il questionne : « Nos efforts d'acquisition sont-ils alignés avec notre marché cible ? Pourquoi nos commerciaux passent-ils autant de temps à qualifier des leads qui, au bout du compte, n'achètent pas ? Quelles seraient les opportunités d'une approche de Key Account Management pour mieux cibler les grandes entreprises ? ».

Grâce à cette démarche d'ouverture mesurée, Arthur nourrit son rapport d'étonnement et liste les priorités à présenter à son N + 1. Il abordera cette étape avec des convictions fondées sur des éléments précis. Stratégie doublement gagnante : il a embarqué son équipe (qui comprendra donc mieux la feuille de route qu'il lui donnera) et sera plus en mesure de négocier ses priorités en tenant compte des intérêts mutuels, comme nous le développerons plus loin.

## Le modèle STARS : une clé de lecture pour votre alignement stratégique

Le modèle STARS, élaboré par Michael Watkins dans *The First 90 Days*, offre une clé de lecture intéressante pour comprendre les dynamiques à l'œuvre dans une prise de poste. Ce modèle ne cherche pas à classifier les organisations mais à éclairer les défis spécifiques que rencontre un manager lorsqu'il arrive dans un environnement nouveau. Il permet d'ajuster sa posture, de prioriser ses actions et d'engager un dialogue stratégique avec ses N + 1 et N + 2.

Il distingue cinq contextes business spécifiques et les postures correspondantes à adopter :

- **Le contexte de lancement** correspond à une création. Tout est à construire : une équipe, une offre, un projet. Le cadre est encore mouvant. Ce qui compte ici, c'est la capacité à mobiliser, à faire émerger des premiers résultats concrets, à structurer progressivement sans figer trop tôt.

- **Le contexte de redressement** implique une reprise en main dans une situation tendue. Les signaux sont clairs : performances en retrait, énergie affaiblie, perte de repères. Il s'agit d'agir avec lucidité, de prendre des décisions visibles, de restaurer la confiance autour d'un cap crédible.
- **La croissance accélérée** évoque un moment d'expansion. L'enthousiasme est là, les résultats suivent, mais la structuration n'a pas toujours suivi le rythme. Il faut alors accompagner la dynamique, poser les bons jalons, soutenir l'élan sans l'épuiser.
- **Le réalignement** concerne les organisations qui fonctionnent mais dont l'énergie s'est dispersée. Les priorités se sont diluées, le sens s'est affaibli. Le rôle du manager est d'éclairer, de recentrer, de remettre du mouvement là où une forme d'inertie s'est installée.
- **Le maintien du succès** renvoie à une situation où les résultats sont bons et les équipes engagées. Le risque est de s'endormir sur les acquis. Le défi consiste alors à poursuivre l'excellence, à stimuler l'innovation, à incarner un leadership exigeant et inspirant.

Dans la réalité, peu de prises de poste correspondent à un seul de ces contextes. La richesse du modèle STARS réside justement dans sa capacité à faire émerger des zones différenciées à l'intérieur d'un même périmètre. Un projet à créer, un autre à stabiliser, une équipe à relancer : en croisant les contextes, on affine sa compréhension du terrain. Ce diagnostic partagé devient un levier pour installer la confiance, nourrir une vision claire, et orienter ses premières décisions avec justesse.

STARS est l'acronyme anglais créé à partir des lettres initiales de ces cinq dynamiques : S pour *startup* (lancement), T pour *turn around* (redressement), A pour *accelerated growth* (croissance accélérée), R pour *realignment* (réalignement) et S pour *sustaining success* (pérennisation).

## Préparer son rendez-vous avec ses N + 1 et N + 2 : définir cinq priorités

Partager votre rapport d'étonnement avec vos N + 1 et N + 2 est un moment clé. Cette rencontre fait écho au premier entretien que vous avez dû avoir en arrivant à votre poste et durant lequel vous avez pu interroger votre N + 1 sur la vision qu'il a de votre mission, ses attentes et la façon de travailler ensemble.

Il s'agit maintenant de partager vos premières analyses et impressions et de construire votre feuille de route en vous accordant sur les priorités. Montrer votre disposition à écouter et à vous aligner en tenant compte du modèle organisationnel et de la stratégie nourrit évidemment la relation de confiance avec vos N + 1 et N + 2.

Après une phase d'observation et d'analyse, il est temps de structurer vos décisions et de montrer votre cap. Ce moment va bien au-delà d'une simple discussion sur les constats du terrain. Il s'inscrit dans la dynamique de confiance avec votre hiérarchie. Votre N + 1 doit être conforté dans son choix de vous avoir nommé à ce poste. Il doit ressentir que vous êtes légitime, clair dans votre approche, capable de prendre des décisions et aligné avec la stratégie globale de l'organisation. Ce rendez-vous est donc un acte de leadership autant qu'un exercice d'alignement : **c'est ici que vous transformez l'observation en action.** Vous avez identifié des tensions, des opportunités, des bonnes pratiques déjà bien ancrées ? Maintenant, il s'agit, sur la base de ces éléments, de négocier vos priorités stratégiques. Attention, s'il y a toujours une marge de manœuvre, tout n'est pas négociable : vous devez être lucide sur ce qui relève de votre champ d'action immédiat et ce qui dépend de décisions plus globales, prises à un autre niveau. Associez à vos priorités des suggestions d'actions concrètes qui les rendent crédibles et prouvent leur adéquation avec les priorités de l'organisation.

**Et vous, dans ce nouveau poste :**

- Comment situez-vous votre contexte au vu du modèle STARS ?
- Quelles actions auront un impact direct sur votre équipe et sur l'organisation ?
- Quelles sont donc vos cinq priorités stratégiques ?
- Quels KPI permettront de mesurer leur impact ? (Sans mesure, tout reste flou. Un objectif sans KPI est une intention, pas une action !) Un bon KPI transforme une priorité en réalité. Il permet d'ajuster, de prouver et d'ancrer vos résultats.

### La règle des 5/25 de Warren Buffett

Warren Buffett raconte qu'il se plie toujours à cette règle quand il déborde de projets : dresser une première liste de 25 projets qu'il a en tête. Entourer les cinq qui comptent vraiment par leur impact dans sa stratégie et laisser tomber les autres. Une pratique qu'Alain, un ancien mentor, a faite sienne dans ce conseil : « Dans un nouveau poste, vouloir tout faire, c'est se condamner à n'avoir aucun impact. Choisissez cinq priorités, faites-le savoir, et tenez-vous-y ! ». La règle des cinq priorités évite que votre rapport soit un inventaire à la Prévert et vous rend audible par vos N + 1 et N + 2 : vous vous montrez concentré sur l'essentiel, avec une vision claire des leviers d'impact.

## S'aligner en posture de négociation raisonnée sur la feuille de route

Ce rendez-vous est un acte de positionnement : vous allez montrer que vous êtes à votre place. Nous vous recommandons de négocier vos priorités en mode « négociation raisonnée ». Cette méthode, issue des travaux de Roger Fisher et William Ury, invite à comprendre les véritables besoins sous-jacents des autres et à construire des solutions gagnant-gagnant. En appliquant cette méthode, vous vous assurez que vos décisions sont alignées non seulement avec vos priorités, mais aussi avec les besoins réels de l'organisation. **Cette approche repose donc sur la compréhension des intérêts sous-jacents et non des positions figées.** Elle permet ainsi d'obtenir des accords plus durables et efficaces : on cherche à satisfaire au mieux les intérêts mutuels et non à convaincre l'autre d'adopter sa position. Remarquez au passage qu'une telle démarche permet de rester dans la fameuse zone verte de la collaboration ouverte.

Cette approche s'appuie sur quatre principes clés et complémentaires :

1. **Séparer les personnes du problème.** Lors d'une négociation, l'essentiel est de placer d'un côté la relation et d'un autre côté les problèmes à résoudre. Si vous associez directement un problème organisationnel à la personne qui l'a mis en place, vous risquez d'entraîner des tensions inutiles et des blocages. L'objectif est de garder la discussion centrée sur la recherche de solutions et d'éviter que des jugements personnels ne viennent obscurcir la réflexion. Concrètement, si les délais de validation des campagnes marketing sont trop longs, au lieu de stigmatiser l'équipe, proposez : « Nos délais de validation dépassent souvent les attentes. Je recommande que nous revisitions le processus ensemble. »
2. **Se concentrer sur les intérêts, pas sur les positions.** Le véritable travail de négociation consiste à comprendre les intérêts derrière les positions, les demandes spécifiques formulées par chaque partie. Se concentrer uniquement sur les positions peut amener les parties à camper dessus sans envisager de compromis. Concrètement, si René, le DSI historique, veut conserver Lotus Notes alors que toute l'équipe réclame la suite

Gmail, vous pouvez dire : « Hervé, je comprends que tu maîtrises ce logiciel et qu'il nous permet de maintenir un haut niveau de maîtrise des coûts et de service. Explorons des options différentes qui conservent ce contrôle tout en améliorant la modernité et l'efficacité. »

3. **Générer des options créatives, proposer des solutions innovantes.** Une fois les intérêts clairement identifiés, il devient plus facile de générer plusieurs options de solutions. La création de diverses alternatives ouvre la porte à des compromis satisfaisants et même à des solutions innovantes inenvisageables initialement. Concrètement : « Pour améliorer la clarté des priorités, organisons des séances de *brainstorming*, utilisons un tableau de priorités visuel ou développons une application interne. »
4. **Utiliser des critères objectifs.** Concentrez vos discussions sur des données tangibles. Concrètement : « Notre taux de réponse à la dernière étude sur l'engagement de nos collaborateurs est de 74 % alors que la moyenne de notre industrie est de 90 %, comment pouvons-nous améliorer cela ? ».

Comme le modèle STARS, la négociation raisonnée améliore la compréhension, la communication et la gestion des changements. Utilisez le modèle STARS pour diagnostiquer les situations et structurer votre stratégie. Appliquez ensuite les principes de la négociation raisonnée pour des discussions constructives et des solutions équilibrées, à l'image de ce rendez-vous avec vos N + 1 et N + 2 concernant votre feuille de route.

## Si je suis le N + 1 du manager en prise de poste, mon focus : créer les conditions du courage

Pour être courageux, le manager en prise de poste a besoin d'un socle clair qui indique où aller, avec quels repères, et dans quel cadre collectif. Assez fréquente, l'ambiguïté sur les rôles, les marges de manoeuvre ou les priorités freine son audace.

En tant que N + 1, je clarifie les zones d'ombre en posant les règles du jeu de l'équipe, les *do* et les *don't*. Je précise les décisions que je prends seul, celles pour lesquelles je souhaite être consulté ou associé, et celles que je délègue. Je donne de la visibilité sur les priorités à trente, soixante, cent jours et au-delà, et je veille à avoir un discours cohérent auprès de tous mes interlocuteurs.

J'encourage mon nouveau collaborateur à dire non, à arbitrer, à poser un cadre à son tour. Je suis à ses côtés s'il doit faire face à des résistances. Je valide ses décisions, même imparfaites, s'il les prend avec intégrité et dans l'intérêt collectif. J'encourage la prise de risque dans le respect des valeurs de l'entreprise.

Un membre de Comex résumait ainsi à l'un de ses directeurs son indicateur clé de réussite : « Tu sauras que ta prise de poste est réussie le jour où tu ne plairas pas à tout le monde. L'inconfort, c'est la preuve que les lignes bougent. »

Je veille aussi à ne pas exiger du courage sans jamais le reconnaître. Un manager qui prend des risques mérite du soutien. Et un espace où l'on peut relire, ensemble, ce qui a marché – ou pas – sans disqualifier l'intention.

Chapitre 5

# DU CHEF OMNIPRÉSENT AU LEADER COACH

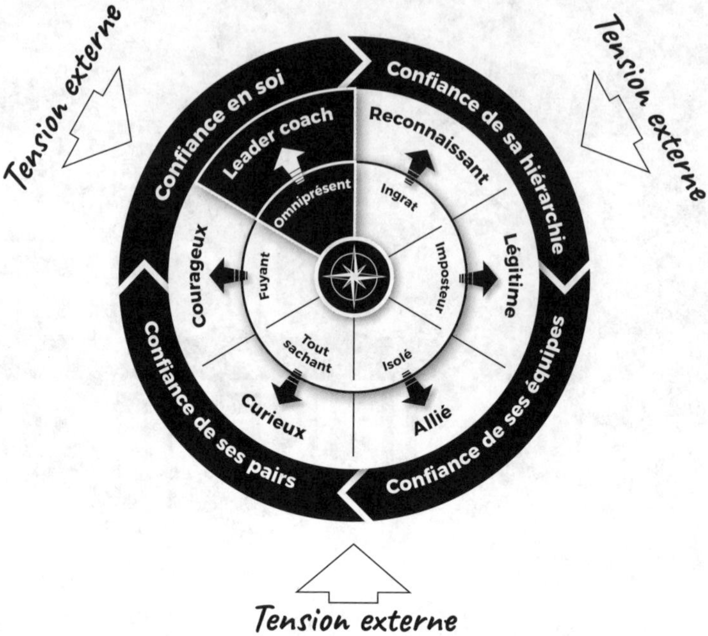


Certains managers veulent tout suivre, tout valider, être partout. Cette omniprésence, souvent guidée par une intention sincère (soutenir, rassurer, réussir) peut vite devenir étouffante. Elle crée une tension invisible : l'équipe attend qu'on agisse à sa place, ne prend pas de responsabilités… et « grogne » parce qu'on ne lui laisse pas assez d'espace. Pendant ce temps-là, le manager s'épuise à tout porter.

Ce chapitre invite à combiner lâcher-prise et exigence, action et vision pour devenir un leader coach courageux : un leader qui clarifie les priorités, fait des choix, pose un cadre de confiance et délègue de façon structurée. Celui qui accepte que ce ne soit pas fait « comme il l'aurait fait ». Celui qui incarne une vision suffisamment inspirante pour embarquer son équipe, laisse de la place à l'initiative et accepte de se laisser surprendre par ses collaborateurs.

Si déléguer reste trop difficile, si tout vous semble encore trop sensible pour arriver à lâcher prise, reprenez le chapitre 4 : peut-être avez-vous encore besoin de travailler une relation claire, ouverte et sécurisée. Loin d'être une technique, la mise en responsabilité est le fruit d'une vraie confiance, construite dans l'échange et parfois dans la friction.

# Renoncer à la tentation de tout contrôler

## Ce qui empêche le manager de dormir et son équipe d'avancer

Yanis vient de prendre un poste de directeur général Europe dans l'industrie. Une belle promotion qui couronne son parcours remarquable dans la fonction commerciale puis en tant que country manager sur des business complexes. Yanis se retrouve à la tête d'une grande équipe, composée d'experts reconnus dans leurs domaines respectifs. Et c'est bien ce qui l'empêche de dormir : « Tous les membres de mon codir ont un niveau impressionnant. Chacun est un expert réputé dans son domaine, adoré de ses équipes. Je n'y connais rien en process industriels, ni en technique. Je me demande ce que je vais leur apporter », rumine-t-il. Yanis se laisse alors piéger par une croyance classique : un bon manager doit tout savoir et être au même niveau que ses équipes sur tous les sujets. Il assiste à chaque réunion, suit chaque dossier, veut comprendre chaque enjeu technique. Résultat : son agenda explose, son énergie s'effrite, et son équipe s'essouffle. Un matin, en pleine réunion, il décroche. Trop d'infos, trop de décisions, trop d'enjeux.

En se faisant coacher, Yanis est challengé sur des questions clés : « Pourquoi veux-tu être plus compétent que ton équipe ? Pourquoi vouloir tout contrôler, tout maîtriser ? Que cherches-tu ? La perfection ? ». Devant ces questions, Yanis réalise que son besoin de contrôle fait écho à un syndrome d'imposteur (voir chapitre 1), à un manque de confiance en lui... et un peu en les autres !

Quantité de managers prenant la tête d'une équipe hautement qualifiée ressentent le même doute que Yanis. Ce phénomène est finalement courant chez les leaders qui se sentent obligés de prouver leur valeur en maîtrisant tous les aspects techniques de leur domaine. Ils n'ont pas l'arrogance des chefs tout-sachants décrits dans le chapitre 3, mais l'effet est le même : ils ont la tentation de tout contrôler en micro-management.

**En réalité, l'équipe n'attend pas de son manager qu'il soit un expert universel : elle a besoin d'une vision, d'une dynamique, d'un leader qui structure, guide, fédère.**

En acceptant de ne pas tout savoir, Yanis devient donc un leader plus authentique et plus efficace. Il assume son regard neuf, pose des questions simples mais puissantes, challenge l'existant. Il va s'entourer des bonnes personnes et créer un environnement propice à la collaboration et à l'innovation. Voilà son rôle : donner le cap en se fiant aux compétences de ses collaborateurs.

## Faire la bascule des *hard skills* vers les *soft skills*

Sur le même modèle que Yanis, beaucoup de managers en prise de poste luttent pour prouver leur légitimité au moyen de leur expertise technique (leurs *hard skills*). Ils continuent de s'accrocher à leur ancien rôle dans lequel la maîtrise technique primait et créait leur valeur. Ce positionnement les pousse à poser mille questions, à analyser tous les détails au cours de multiples réunions interminables. Ils font ainsi fausse route et il y a de quoi : on les promeut au moment où ils excellent dans leurs *hard skills*... mais c'est sur leurs *soft skills*, leurs habiletés managériales et leur leadership, qu'on les attend ! Pour la plupart, cette inversion des attentes représente un grand saut dans l'inconnu.

À ce stade, beaucoup de managers comprennent qu'ils doivent changer de posture, mais sans toujours savoir comment. C'est là qu'intervient le schéma des triangles inversés des compétences (voir figure 5.1). Ce n'est pas le dessin en lui-même qui crée l'impact, mais la prise de conscience qu'il déclenche : les compétences qui vous ont porté jusqu'ici ne sont plus celles qui feront votre succès demain.

**Figure 5.1 : Les triangles inversés des compétences**

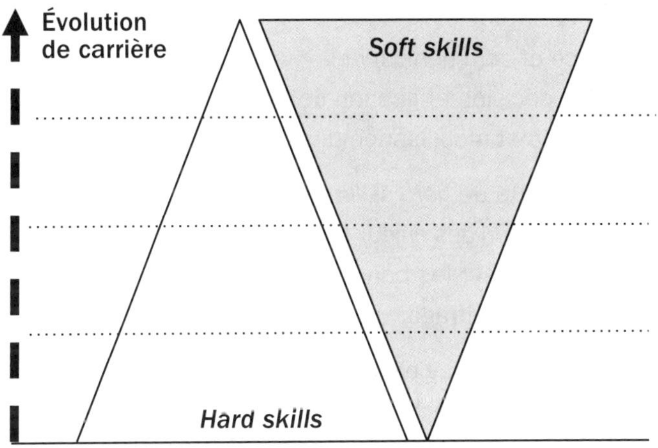


Le triangle blanc correspond à l'étendue des *hard skills*. Le triangle gris, à l'étendue des *soft skills*. À chaque stade de carrière, on attend des managers une proportion différente de *hard skills* et de *soft skills*.

**Plus le manager est débutant ou opérationnel, plus l'expertise technique domine, avec les compétences suivantes :**

Une large base de *hard skills* :
- Connaissances techniques.
- Process et méthodologies.
- Maîtrise des outils et des standards.
- Expertise spécifique.

Une part étroite de *soft skills* :
- Communication.
- Influence.
- Prise de recul.

**Plus le manager est senior et se rapproche d'un statut de dirigeant, plus le leadership prend le dessus avec les compétences suivantes :**

Une large base de *soft skills* :
- Vision et stratégie.
- Influence et communication.
- Prise de décision et gestion de l'incertitude.
- Leadership et mobilisation des équipes.

Une part étroite de *hard skills* :
- Compréhension des enjeux techniques (sans maîtrise absolue).
- Capacité à poser les bonnes questions.
- Synthèse et arbitrage.

Ce schéma montre que plus vous « montez » dans l'organigramme, moins votre expertise technique compte et plus votre valeur repose sur votre capacité à fédérer, décider, influencer. L'enjeu est de faire pivoter votre posture, accepter de ne plus maîtriser le détail et prendre de la hauteur. En laissant à vos équipes la responsabilité des sujets techniques, vous vous concentrez sur la vision dont elles ont besoin pour avancer avec confiance. Vous passez de « je dois tout savoir » à « je dois créer les conditions pour que mon équipe réussisse » : moins de technique, plus d'influence. Vous gagnez en sérénité, vos équipes gagnent en marge de manœuvre et en motivation.

**Michaël : « Sentir le terrain. »**

Aiguiser ses soft skills, c'est, entre autres, investir dans les temps informels : profiter, par exemple, des pauses lors des réunions ou des événements pour aller à la rencontre des personnes, confronter ses intuitions avec la réalité du terrain. Michaël nous raconte ainsi : « La première fois qu'on m'a présenté à l'ensemble de l'entreprise, alors que je prenais mon poste de manager de la branche commerciale, c'était au cours d'un séminaire global. Pendant la journée, tous les managers étaient regroupés, assis à une même table, à distance des 120 collaborateurs présents. Le contexte était un peu "chaud". Je sentais qu'il y avait une gêne dans la salle et je voulais essayer de comprendre ce qu'il en était. Je suis passé de table en table, j'ai discuté, posé des questions pendant les breaks. J'ai glané, ce jour-là, les informations les plus importantes pour démarrer ma mission avec des cartes maîtresses en main ! ». Ce que Michaël a fait pendant une journée de séminaire, vous pouvez et devez le faire, chaque jour, un petit peu… en vous glissant avec curiosité dans les interstices !

Un point de vigilance : aller à la rencontre des équipes terrain qui ne vous sont pas directement rattachées, ce n'est pas les manager ! Gardez-vous de cette tentation en prévenant vos N – 1 que vous n'avez pas l'intention de les court-circuiter, mais seulement de « sentir le terrain ». Vous éviterez aussi de les vexer.

## Accepter l'imperfection

Le réflexe naturel du nouveau manager est souvent de vouloir tout comprendre et valider avant d'agir.

Le risque est de tomber dans le micro-management et ses effets délétères :

- Vouloir tout valider freine l'équipe et brise l'élan des collaborateurs : les décisions s'enlisent. L'équipe attend au lieu d'avancer. L'engagement s'érode.
- Vouloir tout comprendre pousse au surinvestissement opérationnel et, à moyen terme, à l'épuisement.
- Vouloir tout savoir réinvite le syndrome de l'imposteur dans le jeu.

Il restera toujours une part d'incertitude ! En basculant dans le triangle à large base de *soft skills*, **vous acceptez d'avancer avec 80 % de certitude et 20 % d'incertitude...** Cette petite dose d'incertitude, vous pouvez la transformer en 20 % de confiance en vous et dans l'équipe, en vous appuyant sur ces trois convictions :

- L'intuition permet d'avancer en captant les signaux faibles : utilisez-la !
- C'est à l'équipe d'affiner mais à vous de poser le cadre clair qui lui donne les moyens de combler les 20 % restants.
- Décider, ce n'est pas tout prévoir à l'avance mais s'ajuster. L'effectuation (voir chapitre 3) nous apprend que c'est en avançant qu'on trouve les bonnes réponses.

Sortir du micro-management, c'est donc déplacer son énergie et se concentrer sur l'essentiel, le cap à atteindre plutôt que sur la façon de franchir chaque étape. Ainsi se conçoit la délégation.

## *Push & pull* : ajuster sa posture pour inspirer confiance

Déléguer, c'est renoncer à tout contrôler, et ce n'est pas rien ! Mais lâcher sans cadre, c'est courir droit au chaos que provoquent l'absence de repères et les incompréhensions. Sans autonomie, les initiatives s'éteignent ; sans cadre, la liberté vire à l'anarchie : chacun prend ses décisions de son côté. L'énergie se disperse. Alors comment encadrer en gardant l'équilibre entre autonomie et contrôle ?

En prise de poste, le vrai défi est donc d'orchestrer les deux avec justesse : **donner clairement le tempo (*push*), tout en laissant de l'espace pour que chacun s'exprime (*pull*).** En prenant son poste de responsable d'une équipe de vente, Faustine veut responsabiliser rapidement son équipe afin d'atteindre les objectifs qui lui ont été fixés. Elle annonce, en posture *pull* : « Je veux qu'on augmente le chiffre d'affaires et qu'on améliore la satisfaction client. » Un mois plus tard, en réunion d'équipe, elle interroge : « Où en sommes-nous sur l'objectif ? ». Silence… Puis des réponses tous azimuts. Chiffres vagues, actions dispersées. Certains ont misé sur l'acquisition de nouveaux clients, d'autres sur la fidélisation, d'autres encore sur l'optimisation des processus. Aucune synergie. Faustine change de posture et donne des repères plus clairs, en mode *push*. L'objectif devient mesurable : « Réduire le taux d'insatisfaction client de 10 % en dix mois ». Pour que l'équipe avance avec efficacité, Faustine fixe des jalons progressifs (une amélioration de 1 % par mois) et donne des pistes : fluidifier les échanges avec les clients, mieux anticiper leurs demandes, ajuster les process, etc. Elle challenge chacun sur son domaine. Un mois plus tard, les résultats sont déjà visibles. Les chiffres ont progressé, les irritants diminuent, les réunions sont plus courtes. Chaque avancée, même mineure, renforce la dynamique collective. Chacun sait sur quoi agir et comment contribuer à l'objectif. Après cette période très *push* où elle s'est montrée très présente, Faustine peut à nouveau évoluer vers une posture plus *pull*. Elle sait où elle doit encore challenger son équipe et où elle peut lui lâcher la bride. Faustine entre progressivement dans une posture de manager-coach. Elle garde un œil sur les zones à challenger, pose des questions ouvertes, fait émerger les solutions sans les imposer. Là où l'autonomie peut s'exprimer, elle lâche la bride. Elle incarne cette posture de manager-coach qui guide sans diriger, structure sans brider, et fait grandir chacun dans un cadre clair.

Attention donc à prendre le temps de poser le cadre avant de trop lâcher. Pour respecter cet ordre de marche, le manager-coach doit au préalable se poser ces questions :

- Quels sont les objectifs non négociables ?
- Quelles décisions peuvent être prises sans validation de ma part ?
- Quelles sont les marges de manœuvre que je laisse et les limites que je pose ?

Une fois ce cadre donné, une fois clarifié l'espace de liberté et d'action, le manager peut ajuster son accompagnement entre *push* et *pull*, entre directivité et non-directivité, comme le montre le schéma de la figure 5.2.

**Figure 5.2 : Posture *push* et posture *pull***

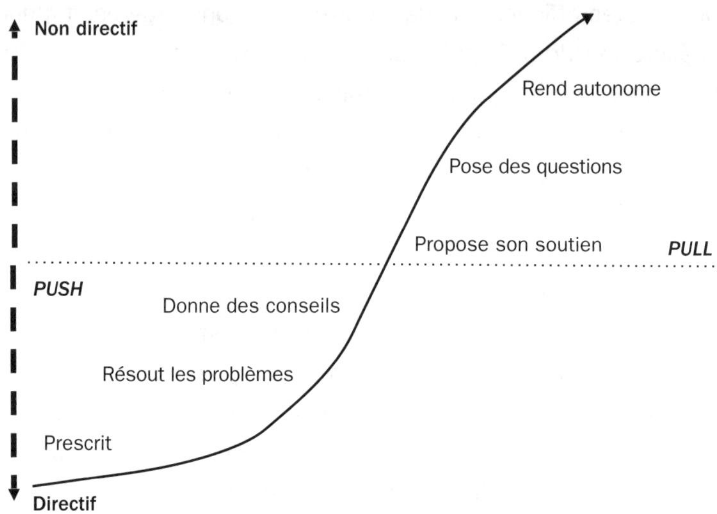

**En posture *push*,** le manager donne un cadre très précis (objectifs, échéances), pose des exigences, garde un niveau de contrôle important. Il est très orienté résultats et prend la responsabilité d'aboutir à la solution. Cette posture est pertinente, par exemple, avec des collaborateurs ou collectifs inexpérimentés, dans des situations d'urgence, de crise ou de sous-performance. Elle rassure, donne un cap clair, tranche. Mais, dans notre monde incertain, traversé de polycrises, il y a un vrai danger à voir le mode directif s'installer dans la durée. Ce type de leadership, incarné par des figures masculinistes comme Donald Trump ou Elon Musk, séduit par son efficacité apparente : décisions rapides, peu de place à la contradiction, pilotage serré. Mais ce style bride l'autonomie des talents, décourage la confrontation d'idées, et assèche la capacité collective à innover ou à s'ajuster. À terme, les risques sont majeurs : fuite des meilleurs talents, erreurs non remontées, perte de confiance.
**En posture *pull*,** le manager-coach accompagne, questionne, aide à avancer sans imposer des validations constantes. Il met chacun en capacité de relever ses défis en trouvant sa propre voie. La posture *pull* est pertinente, par exemple, avec des collaborateurs ou collectifs expérimentés, pour les faire grandir, pour ouvrir des perspectives de créativité, alimenter la dynamique individuelle et collective.

La courbe de ce schéma correspond à celle de **l'impact managérial** : plus le manager est en *pull* – posture de manager-coach –, plus son équipe grandit. Dans tous les cas, le point de vigilance pour le manager est identique : toujours être au clair avec lui-même sur son intention (« pourquoi est ce que j'adopte cette posture ici et maintenant ? ») et l'énoncer aux managés. **Tout l'art est de combiner, en bon ambidextre, les deux posture *pull* et *push*,** selon la complexité des enjeux à gérer, la dynamique de l'équipe et les profils des collaborateurs : si l'on prend la métaphore d'un chef d'orchestre, le manager sera davantage en *push* avec un jeune musicien découvrant une partition, qu'il guidera de près, et en *pull* avec un soliste expérimenté, auquel il laissera en confiance sa liberté d'interprétation.

# Embarquer l'équipe

## Commencer par le *why*

Avant toute répartition des tâches, s'ancrer dans une mission (ou raison d'être) claire et partagée est une étape fondatrice pour créer un lien de confiance : à quoi servons-nous en tant qu'équipe ? À quoi contribuons-nous ? Que ferait l'entreprise sans nous ? Il s'agit ici du fameux *why*, que Simon Sinek place au centre de son *golden circle*, ou « cercle d'or ». Selon Sinek, **la raison d'être est au cœur de l'engagement des collaborateurs** ; voilà pourquoi les leaders inspirants sont ceux qui parlent d'abord du *why*, quand ceux que nous appelons depuis le début de cet ouvrage les « chefs » au sens de « petits chefs » ont tendance à se focaliser sur le *what* et surtout sur le *how*.

**Figure 5.3 : Le cercle d'or de Simon Sinek**

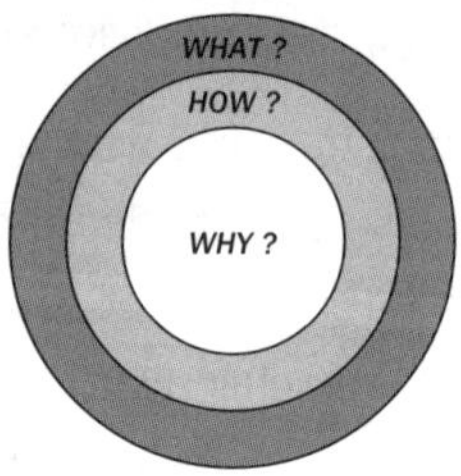


- **Le *why* (pourquoi)** : la raison d'être, ce qui donne du sens à l'existence et à l'action.
- **Le *how* (comment)** : les valeurs et les méthodes qui permettent d'incarner cette vision.

- **Le *what* (quoi)** : les actions concrètes, produits, services et résultats.

## Se connecter au *why* de l'équipe ou le co-construire

Pendant la phase de transition que constitue la prise de poste du manager, la question du sens est centrale. Même si le périmètre d'action de l'équipe reste inchangé, les collaborateurs s'interrogent naturellement : leur nouveau manager va-t-il s'aligner avec le *why* de l'équipe ou faut-il s'attendre à le voir transformé et, dans ce cas, dans quelle proportion ? **Plus le manager s'inscrit dans la raison d'être de l'équipe et l'incarne, plus il inspire confiance et rend son intégration fluide.** En revanche, s'il l'ignore d'emblée ou cherche à la redéfinir autoritairement, il risque de créer du flottement, de la méfiance voire de la résistance.

Lorsqu'Alba prend ses fonctions de responsable d'une équipe régionale de commerciaux dans une entreprise de construction de maisons individuelles, elle hérite d'une situation complexe : l'entreprise vient d'être rachetée et les interrogations fusent sur la stratégie future pour redresser un chiffre d'affaires global en décroissance. Nouvelle manager locale, orientation stratégique nationale encore floue : les membres de l'équipe ont de quoi être déstabilisés. « Pourquoi me lever le matin ? Je ne comprends plus à quoi je contribue. Ça n'a plus aucun sens pour moi. La nouvelle chef va-t-elle tout revoir ? Quelle est sa vision ? Comment peut-elle s'inscrire dans une stratégie qui risque de changer dans les trois mois à venir ? » Des interrogations nombreuses qui traduisent perte de sens et motivation. Plutôt que d'imposer une nouvelle vision, Alba invite son équipe à répondre collectivement à des questions ouvertes :

- « Quelle est la valeur ajoutée réelle de notre équipe dans l'entreprise ? »

- « Qu'apportons-nous aux clients ? »
- « Quel impact avons-nous, à notre échelle ? »
- « Qu'est-ce qui nous motive, au-delà des chiffres ? »
- « Pourquoi faisons-nous ce métier de commercial ? »

Ce questionnement permet aux membres de l'équipe d'envisager la situation sous un angle différent et de constater que, malgré un contexte flou, le sens de leur métier reste intact.

En ouvrant le dialogue, Alba fait émerger un *why* qui permet à chacun de réaffirmer son rôle et d'identifier ce qui le motive individuellement et collectivement. La mission du manager, c'est de trouver du sens « en local », créer un sentiment d'unité autour d'une mission partagée dans laquelle chacun porte sa part de responsabilité.

## Piloter au quotidien par le *why*

Si Sinek invite à « commencer par le Pourquoi » selon le titre de son ouvrage emblématique[1], c'est que comprendre à quoi l'on contribue est bien la source première de motivation. Un leader inspirant est donc celui qui pilote l'activité par le *why*. Montrer les enjeux d'un projet, communiquer sur les raisons d'un plan d'action, inscrire l'activité quotidienne dans une stratégie plus globale sont des gestes managériaux qui donnent le sens et embarquent les équipes.

Un même message peut être reçu très différemment selon la façon dont il est formulé. Prenons l'exemple de Chloé, manager d'une équipe finance dans un groupe de *retail*. Chaque mois, elle demande à ses équipes de produire un *reporting* détaillé, sous forte contrainte de temps. Elle a deux options.

- **Formuler sa demande de manière factuelle, sans référence au *why*** : « Il me faut vos chiffres consolidés avant jeudi midi. On

1. Simon Sinek, *Start with Why : How Great Leaders Inspire Everyone to Take Action*, Éditions Portfolio, 2009.

est dans les temps serrés, toutes les cases doivent être bien remplies : prévisions de ventes, écarts par rapport au budget, détails par région et par gamme. » Résultat : les collaborateurs livrent les attendus, souvent à contrecœur, avec un sentiment de pression mais sans y voir de finalité.
- **Partager le *why* de sa demande** : « Ces *reportings* sont repris par la direction pour arbitrer les ouvertures de points de vente. Vos analyses permettent de défendre des investissements sur certaines zones, d'éviter d'en fermer d'autres. Grâce à vous, on éclaire la décision. » Chloé ne modifie en rien l'échéance. Mais tout a changé dans la dynamique. Résultat : l'équipe prend conscience de son rôle stratégique. Certains commencent à proposer des angles d'analyse plus pertinents. L'énergie circule autrement. Sans disparaître, la pression laisse place à une forme de fierté.

Ce glissement subtil change la perception du travail demandé. **Quand chacun sait pourquoi il agit, l'alignement devient naturel.** L'engagement ne repose plus sur une autorité hiérarchique, mais sur un sens partagé.

## Adopter son équipe, clé de voûte de la réussite

On pourrait croire qu'en prenant un nouveau poste, tout se joue sur le charisme, la vision stratégique, l'image, le réseau, la maîtrise des process ou la capacité à trancher rapidement. En réalité, 90 % de votre réussite dépendra du facteur humain. Votre capacité à être présent, à créer du lien avec votre équipe, à instaurer un climat de confiance et à embarquer les bonnes personnes à vos côtés fera toute la différence.

Vous pouvez être brillant, mais si vous ne savez pas fédérer, vous avancerez seul. À l'inverse, si vous savez vous entourer et jouer collectif, vous obtiendrez des résultats bien plus durables. La réussite est toujours une combinaison de talents, une alchimie entre compétences, dynamiques humaines et vision commune. Et n'oublions pas un ingrédient trop souvent passé sous silence : l'humour et le plaisir de travailler ensemble. Rien ne soude plus qu'un éclat de rire partagé au milieu d'une tempête.

## Voir l'équipe « grande », talentueuse

Le regard que vous portez sur votre équipe a un pouvoir immense.

Quand elle prend la direction client d'une grande entreprise de conseil, Marie rencontre son équipe et fait plus ample connaissance avec Thomas, un de ses chefs de projet. En réunion, Thomas parle peu, semble effacé et peine à défendre ses idées face à des personnalités plus affirmées. Marie l'étiquette rapidement comme « le maillon faible » de l'équipe, un collaborateur qui aura beaucoup de mal à avoir de l'impact chez les clients. Elle envisage même de limiter son rôle en interne.

Mais avant de prendre sa décision, elle choisit de creuser davantage. Elle découvre que Thomas est une référence technique : méthodique, précis et doté d'une mémoire phénoménale. Il ne brille pas en réunion, mais il excelle dans l'analyse des données et la structuration des projets. Au lieu de forcer Thomas à s'adapter à un rôle qui ne lui conviendrait pas, Marie ajuste les dynamiques d'équipe : elle confie à Thomas la préparation des dossiers pour les réunions et lui donne le rôle de garant du cadrage des projets. Elle valorise son expertise devant l'équipe et s'assure que ses analyses soient prises en compte. Ainsi, Thomas gagne en confiance et son travail devient indispensable. L'équipe s'appuie sur lui pour ses *insights*, et son impact est finalement bien plus grand qu'on ne l'imaginait au départ. Marie a vu Thomas « grand » au bon endroit… et elle a vu juste !

## S'entourer de meilleurs que soi

Telle est la règle d'or transmise par le premier patron d'Isabelle : « Mieux vaut laisser un poste vacant pendant un an plutôt que de le confier à un candidat moyen. » Autrement dit : « Cherchons les bons profils, qui excellent dans leur domaine au niveau où on les attend. » En prise de poste, cette exigence est encore plus critique. Les premiers mois posent les bases de votre équipe et envoient un signal fort sur vos standards. Un recrutement moyen, surtout au démarrage, peut ralentir votre action, fragiliser votre crédibilité et vous épuiser dans la durée. À l'inverse, être exigeant dans vos recrutements dès le début montre à votre équipe, à votre N + 1 et à vos partenaires que vous ne transigez pas sur la qualité.

Si vous recrutez, cherchez les talents qui vous feront grandir, sans craindre d'engager quelqu'un qui pourrait vous remplacer. Au contraire, préparez votre succession avec des talents qui vous challengent, poussent à voir plus loin, maîtrisent mieux que vous certains sujets. **L'enjeu n'est pas de tout maîtriser, mais de composer la meilleure équipe possible.** Celle qui saura avancer sans vous si nécessaire. C'est votre priorité, et c'est là que vous devez concentrer un maximum d'énergie.

## Faire attention au *fit*, critère souvent tabou

Les compétences sont une chose ; l'expérience en est une autre. Mais il y a un élément souvent oublié et pourtant fondamental : le *fit*, cette alchimie qui fait qu'un collectif fonctionne bien ensemble, que le mélange rend l'équipe efficace, capable de traverser les tempêtes sans exploser en vol.

Avant d'intégrer quelqu'un dans votre équipe, posez-vous cette question simple : « Aurais-je envie de faire un long voyage en train avec cette personne ? ». Si la réponse est un non catégorique, méfiez-vous ! Souvenez-vous qu'une équipe, même si elle ne boit pas des verres tous les soirs en groupe, passe ses journées ensemble ! **La dynamique relationnelle, le plaisir d'être ensemble comptent autant que les compétences.** Une équipe de foot jouant collectif gagne plus souvent que celles composées de stars expertes égocentrées... De la même façon, un collaborateur ultra-compétent qui empoisonne l'ambiance fait plus de dégâts qu'un talent un peu moins technique qui sait booster l'énergie collective. N'oubliez jamais la puissance de l'optimisme, de l'humour et de la fluidité dans les relations. Qu'on l'admette ou non, ce sont des facteurs clés de succès de l'équipe... et donc de vous !

## Rencontrer les énergies de l'équipe

Nous allons parler ici d'énergies de couleur, en nous appuyant sur l'outil Insights Discovery®. Cette approche repose sur un modèle de la personnalité et des préférences, développé par le psychologue Carl Gustav Jung. Il est très proche d'un autre modèle appelé DISC®. Insights Discovery®, comme DISC®, permet de reconnaître des styles, des façons d'être au monde et notamment dans le cadre professionnel. Cet outil est particulièrement intéressant dans la phase de prise de poste, pour faire naître la confiance entre un manager arrivant et ses interlocuteurs.

### Chacun son énergie dominante

Insights Discovery® part du principe selon lequel nous avons tous en nous une combinaison unique de quatre grandes « énergies » : rouge, jaune, verte et bleue. Nous possédons ces quatre énergies en proportions différentes et l'une d'elle domine dans notre profil. Elle correspond à nos préférences de comportement et de communication, qui varient selon que nous sommes ou non sous pression.

Ce n'est pas un outil scientifique : c'est une porte d'entrée, une grille de lecture simple et accessible pour mieux comprendre la manière dont nous fonctionnons et surtout mieux travailler ensemble, qui doit être utilisée avec précaution ; l'enjeu n'est pas d'étiqueter, mais d'ouvrir le dialogue et de mieux rencontrer l'autre : « Voilà comment je fonctionne, et toi ? ».

Voici un rapide passage en revue de ces énergies, pour vous donner envie d'aller plus loin et, si vous ne l'avez jamais fait, de découvrir grâce à un test votre couleur dominante et votre dose de chaque énergie. Vous comprendrez ainsi vos attentes et aurez des pistes pour interpréter les motivations et les comportements de ceux avec qui vous travaillez (vos collaborateurs directs, vos propres managers, vos clients et partenaires, etc.).

**Tableau 5.1 : Se connecter aux énergies de chacun**

| | Energie ROUGE | Energie JAUNE | Energie VERTE | Energie BLEUE |
|---|---|---|---|---|
| **Trait saillant de personnalité** | Direct | Enthousiaste | Posé | Analytique |
| **Motivation** | Résultats | Interaction | Harmonie | Rigueur |
| **Attentes** | – Messages clairs,<br>– Décisions rapides,<br>– Leadership | – Lien,<br>– Energie<br>– Echanges<br>– Climat motivant | – Confiance<br>– Ecoute<br>– Stabilité<br>– Respect | – Faits<br>– Structure claire<br>– Précision |
| **A éviter** | – Indécisions<br>– Discours trop longs<br>– Flou | – Posture distante<br>– Manque d'échange<br>– Portes fermées | – Décisions trop rapides<br>– Approche trop directive<br>– Manque d'écoute | – Messages vagues<br>– Messages basés sur l'intuition<br>– Manque de logique |
| **Communication attendue** | – Brève<br>– Impactante<br>– Orientée action | – Dynamique<br>– Engageante<br>– Inspirante | – Posée<br>– Bienveillante<br>– Collaborative | Structurée<br>– Rationnelle<br>– Détaillée |

En prenant votre nouveau poste de manager, comment aller chercher chacun en fonction de sa couleur dominante ?

- Avec ceux qui ont une forte énergie rouge, annoncez votre cap sans détour, fixez le cadre et passez vite à l'action. Ils apprécieront que vous leur disiez : « Voici mes priorités, on y va ! ».
- Avec ceux qui ont une forte énergie jaune, montrez-vous accessible, créez du dialogue, donnez du rythme. Embarquez-les en leur annonçant : « J'ai hâte de construire avec toi. »
- Rassurez ceux qui ont une forte énergie verte, prenez le temps de les écouter, montrez-leur que vous respectez l'existant avant tout changement. Dites-leur : « Je veux comprendre comment tu fonctionnes avant d'agir. »
- Avec ceux qui ont une forte énergie bleue, expliquez votre raisonnement, donnez du cadre, soyez précis. Ils apprécieront des propos comme : « Voici mon analyse des dernières semaines et les étapes que je compte suivre. »

## S'ajuster à la couleur de l'équipe

Ce qui vaut pour les individus vaut pour l'équipe vue comme une entité, avec sa personnalité et sa couleur dominante. Cette couleur d'équipe résulte de la conjugaison des énergies individuelles mais pas de leur somme.

Prendre un poste, c'est comme entrer dans une pièce où l'on danse déjà et s'intégrer au mouvement en repérant le rythme et ajustant ses pas. Vous avez votre couleur, l'équipe a la sienne. L'enjeu est de sentir rapidement cette couleur dominante, sans la juger. S'ajuster n'est pas se fondre ni s'imposer en rupture, mais entrer en relation avec cette couleur, pour ensuite la faire évoluer si besoin.

**Dans une équipe à dominante rouge règne l'énergie de la conquête.** On y fonce, on y aime les défis, l'efficacité, les décisions nettes. Son besoin : un manager qui prend sa place rapidement, qui donne une direction claire et incarne l'action, qui canalise l'énergie pour qu'elle reste constructive. Le manager qui chercherait à plaire ou tergiverserait y perdrait vite en crédibilité.

**Dans une équipe à dominante jaune règne l'énergie du lien et de l'enthousiasme.** Ici, on brainstorme, on s'emballe, on veut que « ça vibre ». Bienvenue donc aux optimistes, aux créatifs et aux amoureux du collectif ! Son besoin : un manager qui valorise les idées, donne du souffle et pose un cadre pour éviter que « tout parte dans tous les sens ». Attention, l'envie d'embarquer ne remplace pas la capacité à tenir le cap !

**Dans une équipe à dominante verte règne l'énergie du soin et de l'équilibre.** On y fait attention aux personnes, aux liens, à l'ambiance. Ce qui compte, c'est la loyauté, l'harmonie et l'écoute. Une arrivée brutale avec des changements radicaux ou une posture trop verticale risque donc de crisper voire de fermer les échanges. Son besoin : un manager qui écoute (questionne, reformule), envoie des signes de reconnaissance et entre progressivement dans les dynamiques existantes. Un manager qui co-construit.

**Dans une équipe à dominante bleue règne l'énergie du cadre et de la précision.** On y respire mieux quand tout est clair, qu'il y a des règles pour organiser et des procédures pour rassurer. Son besoin : un manager rigoureux, explicite, fiable dans ses engagements et qui fait preuve de pédagogie dès qu'il introduit du changement. Un manager flou ou trop spontané pourrait, au contraire, générer de l'inquiétude.

Tout est une question d'ajustement ! Avec telle équipe, telle posture. Incarner votre leadership réclame souvent de faire un pas de côté pour entrer dans la danse et embarquer l'équipe. Créer de la confiance, c'est observer pour pratiquer un management ajusté et être perçu comme un leader inspirant.

# Mettre en responsabilité

C'est à dessein que, dans cette partie, nous préférons l'expression française « mise en responsabilité » à l'anglaise *empowerment*.

## Distribuer les cartes selon une matrice évolutive

Prendre un poste de manager, c'est entrer dans un système qui a déjà ses rouages. L'équipe a ses habitudes, ses réflexes, ses circuits de décision. Avant de redistribuer les responsabilités, il faut donc commencer par comprendre comment elles fonctionnent en dressant un état des lieux :

- Qui prend quelles décisions ?
- Quels sujets sont centralisés ? Lesquels sont partagés ?
- Où y a-t-il des zones de flou ou des doublons ?
- Où se situent les points de blocage ?

Ce diagnostic permet d'identifier où concentrer son énergie. Certaines décisions nécessitent une implication forte, d'autres peuvent être partagées ou confiées. Tout l'enjeu est d'ajuster progressivement le cadre en fonction des compétences et de l'autonomie de l'équipe. Chacun contribue différemment à la dynamique collective. Certaines décisions restent à la main du manager, d'autres se prennent en concertation, d'autres encore peuvent être laissées en autonomie complète. L'important est que cette répartition soit claire et évolutive.

Voici un exemple de matrice pour cartographier les prises de décision.

**Tableau 5.2 : Matrice des décisions**

| Décisions | Je décide seul | Je décide avec | L'équipe décide avec moi | L'équipe décide (avec ou sans moi) |
|---|---|---|---|---|
| **Stratégie / Vision** | ☑ | | | |
| **Objectifs annuels** | ☑ | [Noms] | | |
| **Priorisation des projets** | | [Noms] | ☑ | |
| **Recrutement / Évolution interne** | | [Noms] | ☑ | ☑ |
| **Organisation quotidienne** | | | ☑ | ☑ |

Remplie au moment de la prise de poste, cette matrice a évidemment vocation à évoluer, par exemple lors des bilans d'équipe, des entretiens de suivi ou après un projet clé. L'objectif est de s'adapter aux réalités du terrain et de donner à chacun la bonne latitude d'action, à mesure que l'équipe monte en compétences et que la confiance s'établit. En effet :

- Un collaborateur qui prend en assurance peut gérer un périmètre plus large.
- Une confiance installée réduit le besoin de validation.
- Quand les objectifs sont bien partagés, les décisions peuvent l'être aussi.

Ainsi, en prenant son poste de directrice des opérations dans une entreprise de transport, Emma a commencé par centraliser les décisions stratégiques pour comprendre les enjeux et poser une vision cohérente. Au fil des mois, elle a élargi la délégation sur les décisions tactiques et opérationnelles, en fonction de l'expertise et de l'autonomie de son équipe. Cette évolution a clarifié les rôles et lui a permis de consacrer davantage de temps aux sujets de fond.

Comme toujours, l'enjeu n'est ni de tout contrôler ni de tout lâcher d'un coup. C'est un équilibre, une dynamique qui se construit pas à pas, avec justesse et discernement, en fonction du besoin de l'équipe et des profils des collaborateurs.

## L'art du *passionate detachment*

Il est important d'être engagé, mais vous n'êtes pas votre job. Confondre son identité et son poste fait prendre le risque de s'identifier aux résultats et de se laisser engloutir par les attentes (celles de l'organisation et… les vôtres !). Garder ce *passionate detachment*, c'est préserver ce calme intérieur qu'évoque le psychiatre rescapé des camps Victor Frankl, quand il dit : « Entre le stimulus et la réponse, il y a un espace. Dans cet espace réside notre liberté. »

Un conseil : cultivez le *passionate detachment*, que l'on pourrait traduire par « passion détachée », « engagement lucide », ou « implication non fusionnelle » : passionnez-vous pour votre job, **engagez-vous avec cœur mais gardez une clarté de jugement** et une distance suffisante pour évaluer objectivement les situations.

Telle est la posture de Louise, directrice marketing dans une agence de communication. En pleine préparation d'un lancement stratégique, elle se rend compte que l'équipe R&D prend du retard. Elle pourrait être tentée de foncer confronter cette équipe et d'en court-circuiter le manager pour obtenir ses livrables. Elle choisit plutôt de dépassionner le sujet et d'adopter une posture de facilitatrice : elle clarifie les priorités, recadre les attendus, puis laisse l'équipe avancer. Elle reste engagée sans s'effondrer quand les échéances bougent. Résultat : l'équipe se sent soutenue, non contrôlée, et inspirée par Louise qu'elle perçoit comme une interlocutrice inspirante.

« Passionné avec détachement », vous laissez vos collaborateurs libres de déterminer ce fameux *how* que nous avons évoqué plus haut. Vous évitez le micro-management, mettez en responsabilité ceux à qui vous avez confié des missions et entretenez chez eux à la fois confiance et motivation. Vous basculez dans la zone *soft skills* des triangles inversés des compétences. Bravo !

Parfois, il est plus compliqué d'adopter le *passionate detachment*. Par exemple, quand manager et collaborateur partagent la même passion sur un sujet. Ou quand le manager a connu de grands succès sur un sujet similaire. Le risque est de se « marcher sur les pieds ».

Ainsi, Karim, manager opérationnel dans une mutuelle de santé : il présente sa feuille de route stratégique à sa directrice, Patricia. Karim est passionné, Patricia aussi, d'autant plus qu'elle excelle en stratégie. Elle modifie donc une partie de la feuille de route de Karim sans explication. Karim est agacé mais choisit de ne pas réagir à chaud. Après une journée de recul, il revient avec des questions ouvertes, reformule les enjeux, cherche à comprendre. Ce n'est pas un retrait, mais un repositionnement : « Je sens que nous sommes tous les deux très investis et cela me met dans une situation où j'ai du mal à lâcher. Comment pouvons-nous clarifier les rôles ? J'ai besoin d'un cadre pour déléguer sereinement et garder l'équipe mobilisée. » Cette attitude permet à Karim de garder une relation constructive, tout en tenant son cap. Plutôt que de rester dans l'opposition et de s'accrocher à son rôle coûte que coûte, il fait un pas de côté qui lui permet de reconnaître ce qui se joue : sa propre implication émotionnelle, la compétence réelle de sa N + 1 et la confusion des territoires. Ce pas de côté est précisément une posture de *passionate detachment*. Il reste engagé, sans se laisser happer. Il assume, il ajuste ; il garde sa place et laisse l'autre occuper la sienne.

## Si je suis le N + 1 du manager en prise de poste, mon focus : faire confiance à ce manager qui, lui aussi, apprend à faire confiance

Un manager qui prend un nouveau poste peut vouloir s'impliquer partout, vérifier chaque détail, rester au centre de toutes les décisions. Cette omniprésence part sans doute d'une bonne intention (rassurer, prouver sa valeur), mais elle étouffe l'équipe.

Si je suis son N + 1, je l'aide à basculer vers une autre posture. Je l'invite à faire un pas de côté, à faire confiance, à se concentrer sur l'essentiel : donner le cap, soutenir les prises d'initiative, créer les conditions pour que ses collaborateurs prennent leur place à leur tour. Je lui pose des questions comme : « Quelles sont tes trois priorités ? » ou « de quoi as-tu besoin ? ».

Chapitre 6

# DU CHEF INGRAT AU LEADER RECONNAISSANT

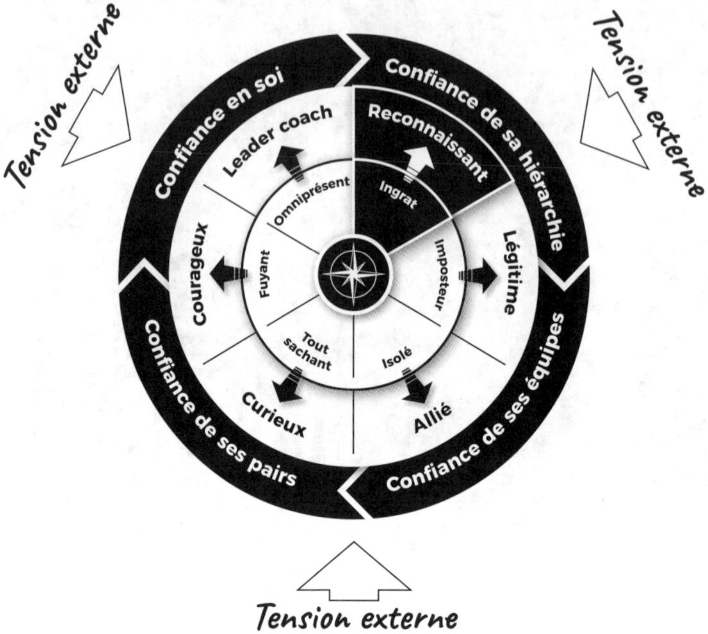


Ce dernier et court chapitre s'ouvre par une évidence souvent oubliée : toute réussite managériale est collective. Pourtant, nombreux sont les managers en prise de poste qui oublient de remercier, de reconnaître la valeur des résultats de l'équipe en place voire de leur prédécesseur. Non par indifférence, mais parce que l'urgence, les indicateurs, la pression les en détournent.

La reconnaissance se construit au fil des échanges, dans les feedbacks, les attentions, les rituels. Elle nourrit l'engagement, renforce le sentiment d'appartenance, ancre la confiance. Elle crée du lien et de la fierté, là où parfois tout s'accélère. Être un leader reconnaissant, ce n'est pas flatter. C'est voir, donner une place et, au fond, manifester une forme de gratitude pour ce qui existe déjà.

Si vous n'y parvenez pas encore, si quelque chose en vous résiste à dire merci, revenez au chapitre 5. Vous y retrouverez les conditions qui permettent de faire de la place à l'autre sans perdre votre propre place. C'est parce que le cadre, les rôles et responsabilités sont clairs que chacun peut être reconnu pour ce qu'il apporte.

# Pourquoi est-ce si difficile de manifester de la reconnaissance ?

## Une histoire de bonne distance

Jade vient d'être nommée directrice d'un site logistique dans l'hygiène beauté. C'est son premier poste « sur le terrain ». Elle arrive avec un bagage solide, une étiquette de haut potentiel et un mandat clair : redresser la performance. Dès les premiers jours, elle prend le lead. Elle tranche, elle cadre, elle imprime son rythme. Elle évite les détours inutiles. Pas de pauses-café. Pas de visites à l'atelier. Elle salue ses collaborateurs, bien sûr, mais sans chercher à retenir leurs prénoms. Ce n'est pas le sujet. « Concentrons-nous sur le business. »

Trois semaines plus tard, Jade participe à sa première réunion sécurité avec l'équipe de terrain. Un incident grave a eu lieu la veille. Elle pose une question, directe : « Vous, au fond, avez-vous une idée de ce qui a pu se passer ? ». Un homme se lève : « Moi, c'est Sébastien. Je travaille ici depuis 25 ans. » Sophie comprend instantanément qu'il y a un malaise dans la salle. Ce n'est pas le fond de sa question qui dérange, mais sa forme. Sa manière de parler sans nommer, d'interroger sans reconnaître.

Le soir même, elle demande un feedback à son N + 1. Il lâche une phrase unique : « Pour l'instant, ils ne savent pas qui tu es. Et toi non plus tu ne les connais pas. » Elle croyait rester professionnelle en gardant ses distances. Et si c'était l'inverse ?

# Six croyances limitantes sur la reconnaissance

On pourrait penser que la reconnaissance est une pratique simple. En réalité, elle vient heurter plusieurs freins ou croyances limitantes. Les croyances sont des certitudes personnelles inscrites dans notre système de pensée, que nous nous sommes forgées ou dont nous avons hérité. Nous les considérons comme vraies, sans prendre en compte ce qui pourrait les invalider. **Ces croyances conditionnent nos décisions et nos actions.**

Quand ces croyances sont adéquates, elles ont un impact positif sur nos décisions car elles contiennent des promesses de scénarios de vie positifs. Par exemple, si vous êtes convaincu qu'« on finit toujours par y arriver », vous partez avec un bon capital confiance pour oser aller de l'avant et avez intérêt à cultiver cette certitude !

En revanche, certaines de nos croyances sont inadéquates et brisent nos élans. On les dit « limitantes » parce qu'elles nous freinent dans nos décisions et nos actions tant que nous ne les identifions pas et ne les remettons pas en question. Voici six croyances qui freinent la reconnaissance.

## « Je vais perdre mon autorité. »

Selon cette croyance, le chef commande depuis le haut, les autres exécutent. L'autorité repose sur une obéissance stricte. Faire preuve de la moindre humanité, c'est se montrer faible et indigne de sa place de manager. L'idée de manifester de la reconnaissance fait naître la peur de perdre son statut. Mieux vaut donc ne pas trop se poser de questions sur la manière dont l'équipe vit.

Une croyance alternative pourrait être : « **Ce n'est pas parce que je reconnais que je baisse l'exigence.** » Autrement dit, accepter que la conjugaison de l'exigence et de la reconnaissance soit la véritable posture mature.

## « On n'a pas le temps de perdre du temps à complimenter. »

Cette croyance est celle de Jade, dont nous racontons l'exemple ci-dessus. Dans leur rythme effréné, certains managers voient le couple business + performance comme leur unique priorité. Ils ne peuvent pas reconnaître leur équipe, puisque cela demande de prendre le temps de ralentir pour observer ce qui se passe et formuler avec justesse des signes de reconnaissance.

Une alternative à ces deux croyances pourrait être : « **En tant que manager, ma priorité est toujours mon équipe**, dont l'engagement passe par la reconnaissance. Si je ne trouve pas de temps pour elle, c'est que je ne suis pas concentré sur les bonnes priorités. Il est donc urgent de reconsidérer mes priorités. » Si besoin, retournez voir dans le chapitre 5 les fameux triangles inversés des *soft skills* et des *hard skills*…

## « Reconnaître, c'est se créer des ennuis. »

« Tant qu'il fait le job et ne réclame rien, pourquoi prendre le risque de l'agiter ? Je préfère conserver cet excellent collaborateur à mon service, sans attirer l'attention, sans lui donner d'idées. S'il gagne en visibilité, il risque de partir ailleurs… ou me coûter plus cher. » Certains managers ne s'avouent pas toujours ce raisonnement qui guide pourtant leurs décisions. Reconnaître un collaborateur performant et/ou brillant, c'est courir le risque qu'il prenne confiance, qu'il gagne en influence… et qu'il formule des demandes. Dans cet imaginaire, la reconnaissance devient une prise de risque. Elle pourrait déclencher une mécanique difficile à arrêter : demandes de formation, d'augmentation, de promotion, de télétravail… Autant de complications à anticiper, de tensions à gérer. Pourquoi se mettre en difficulté ? Mieux vaut donc ne rien dire et attendre…

### « Complimenter les autres, c'est m'enlever du mérite à moi-même. »

Certains croient que si un autre brille, ils perdent de la valeur. Comme s'il n'y avait pas de place pour tout le monde sur le podium de la réussite.

Une alternative à ces deux croyances est : « **Reconnaître, c'est tout bénéfice, même au-delà de l'équipe.** » C'est celle qui a poussé Amélie à envoyer un simple message de remerciement à ses équipes après un événement important. Pas de grandes déclarations, juste un petit geste qui a fait la différence. Trois mois plus tard, elle était citée comme « la personne avec qui on aimerait travailler » dans les résultats d'un questionnaire interne.

La reconnaissance crée un halo positif autour du manager. Au sein de son équipe, il fidélise ses N – 1 dans cette période cruciale de prise de poste où tant de collaborateurs, notamment les plus jeunes, sont prêts à quitter leur poste si le nouveau leader ne répond pas rapidement à leurs attentes. Au-delà de son équipe, il est reconnu comme un manager qui fait grandir ses collaborateurs. Il attire les meilleurs talents, donne envie de collaborer en transverse, de s'allier.

### « C'est normal de bien faire son travail. »

Voilà ce que répète Véronique. Selon elle, la reconnaissance extrinsèque (salaire, titre, etc.) est suffisante. Elle pourrait choisir de croire plutôt que « **c'est la reconnaissance intrinsèque qui a un réel impact sur la motivation profonde** », qui pousse à agir quels que soient les éléments extérieurs, en raison du plaisir, de la satisfaction et du sens que nous y trouvons.

### « Je ne reçois pas de signe de reconnaissance, je ne vois pas pourquoi j'en donnerais. On vit très bien sans. »

Si vous avez du mal à témoigner de la reconnaissance à vos équipes, c'est peut-être que vous vous en accordez peu : seriez-vous trop exigeant, estimant normal d'atteindre les objectifs, passant vite sur ce que vous avez accompli, ne perdant pas de temps à partager vos satisfactions ou à célébrer les victoires ? Une telle dureté envers soi-même finit par se projeter sur les autres. **Un moyen pour progresser est de prendre du recul et de pratiquer le *journaling***, c'est-à-dire une relecture de votre journée. Quelques questions possibles :

- « Qu'ai-je/qu'avons-nous accompli aujourd'hui ? »
- « Quels échanges m'ont éclairé ? Qu'est-ce que j'ai appris ? »
- « De quels choix suis-je fier ? »
- « Qu'est-ce que je comprends mieux aujourd'hui qu'hier ? »
- « Qui mériterait que je lui dise “merci” demain matin ? »
- « Ai-je besoin d'aide ? laquelle ? »
- ...

Attention, ce *journaling* est un outil personnel, pas un rapport d'étonnement !

# La reconnaissance, levier de performance

## La reconnaissance, un besoin essentiel

Didier a un nouveau manager nommé Jérôme. Deux semaines après l'arrivée de Jérôme, Didier raconte : « C'est incroyable comme un petit changement fait la différence. Mon manager précédent,

Jean, occupait le bureau en face du mien. Jamais il ne venait me saluer le matin, alors que nous arrivions tous les deux aussi tôt et que je garde toujours ma porte ouverte. Jamais non plus il ne passait me saluer le soir pour me dire au revoir. Comme si je n'existais pas. Et là, c'est tout l'inverse. Jérôme vient me dire bonjour. Je l'entends passer aussi dans l'open space de l'étage. Il salue, il nomme les gens. Il les regarde. Il ne cherche pas à se faire aimer. Il est juste là et il crée un lien. »

Vous seriez sans doute étonné de savoir que Didier, membre du comex, arrive en fin de carrière. Il n'a donc rien d'un débutant ni d'un faible ! Même si certains managers pensent (ou font mine de) pouvoir s'en passer, le besoin de reconnaissance est universel. **En effet, il fait écho à deux besoins fondamentaux : se sentir utile et exister aux yeux des autres.** Ces deux dimensions nourrissent l'identité professionnelle et la motivation intrinsèque. Dans un monde instable, ce sont des ancrages précieux.

*A contrario*, l'absence de reconnaissance réveille des peurs primaires : ne pas exister ou être rejeté. Ainsi, l'attitude de Jean est de celles qui fissurent le lien, font naître le doute et le désengagement. Sans reconnaissance, un collaborateur peut finir par se dire : « Il ne me voit pas. Je ne compte pas pour lui, a-t-il vraiment besoin de moi ? Ai-je de la valeur ? Suis-je légitime ? ».

D'après Abraham Maslow, notre motivation dépend de la satisfaction d'un certain nombre de besoins que le célèbre chercheur hiérarchise, de la base au sommet d'une pyramide. Dans le récent ouvrage collectif *Travailler demain : Le futur du travail vu par 13 personnalités*, Muriel Pénicaud, ancienne ministre du Travail, et Matthieu Charrier, journaliste, appliquent cette théorie de Maslow au travail avec une pyramide qui va du besoin d'un salaire (besoin physiologique de base) au besoin de sens (besoin d'épanouissement) en passant par le besoin d'estime (dont le besoin de reconnaissance). L'originalité des auteurs réside dans leur proposition d'inverser la base et le sommet de la pyramide pour s'ajuster aux réalités du monde du travail : selon eux, les générations actuelles et futures placent en priorité le besoin d'épanouissement et en dernier le besoin d'argent. Dans cette nouvelle configuration, le besoin de reconnaissance au travail arrive en deuxième place !

**Figure 6.1 : Inversion des pyramides des motivations au travail**

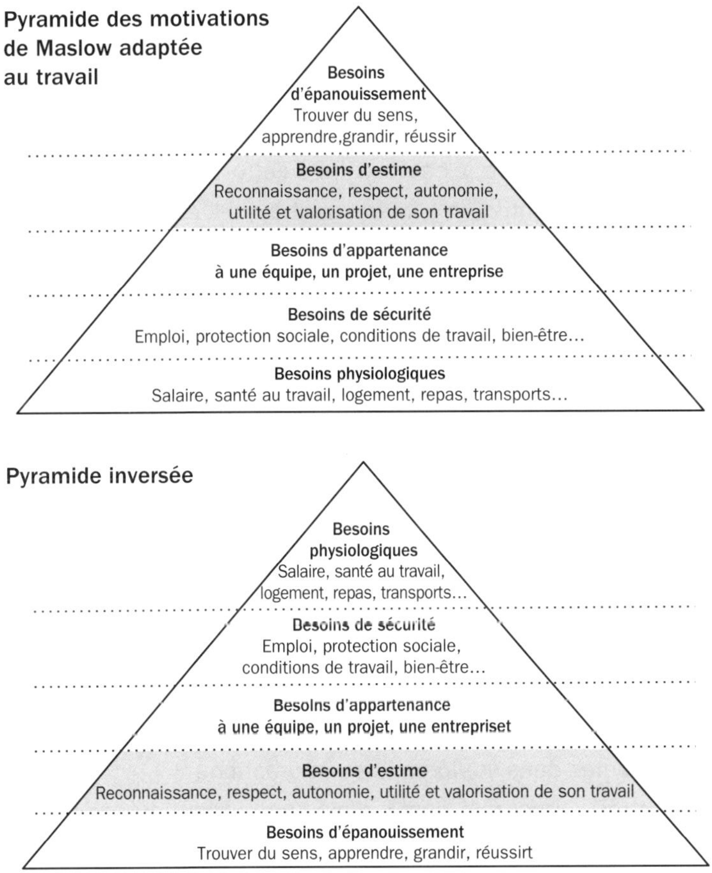

## L'art du *mattering*

Dans ses interventions et son article « *The Power of Mattering – How leaders can create a culture of significance* », publié par *The Harvard Business Review*, Zach Mercurio affirme : « Vos collaborateurs ont un besoin fondamental d'être vus, entendus et appréciés. » Pour lui, il ne s'agit pas d'être applaudi ou flatté. Juste d'être reconnu comme comptant pour les autres, important. Mercurio propose trois leviers simples mais puissants pour montrer aux collaborateurs qu'ils comptent dans l'organisation :

- *Noticing* : voir l'autre, être attentif, nommer ce qu'on remarque.
- *Affirming* : montrer à l'autre en quoi ce qu'il apporte est unique et fait la différence.
- *Needing* : exprimer qu'on compte sur lui et qu'il est indispensable.

Reconnaître l'autre, c'est déjà faire l'effort de le connaître, en allant à sa rencontre, en s'intéressant à qui il est au-delà du rôle qu'il occupe dans l'organisation. Ces marques d'intérêt, lorsqu'elles sont sincères, incarnent l'intention : « Je suis là, je te vois, tu existes pour moi. » Inutile de faire des gestes spectaculaires, des sourires forcés ou d'aller serrer toutes les mains. Pour connaître un collaborateur, quatre dimensions issues de la boussole *Diversity Revealer* de Laurent Oddoux (cabinet Trajectives) sont intéressantes à explorer, au gré de vos échanges et observations :

- **Ses racines** : d'où vient-il, qu'est-ce qui l'a construit ?
- **Son environnement** : quels sont les environnements qu'il aime et dans lesquels il s'épanouit ?
- **Sa personnalité** : quels sont ses qualités et ses défauts ? Quelle est sa capacité à parler de lui ? Est-elle alignée avec ce que l'on dit de lui ? Et avec ce que vous voyez, ce que vous ressentez dans vos premières interactions ?
- **Son rôle** : quel rôle tient-il dans l'entreprise, au-delà de ses fonctions organisationnelles ? Est-il sponsor d'un projet, mentor

d'une personne, membre du CE ? Et en dehors de l'entreprise ? Est-il responsable d'une association, aidant, parent, etc. ?

## Reconnaissance – confiance – performance

Quand un collaborateur se sent vu et reconnu dans ce qu'il apporte, il se détend et cesse de se protéger. Il ose dire. Il propose, il s'implique. La reconnaissance pose les bases de la confiance qui, en retour, ouvre la voie à un engagement actif : le collaborateur met son intelligence, son énergie et sa créativité au service du collectif. Cet engagement nourrit donc la performance. Un cercle vertueux « reconnaissance – confiance – performance » s'enclenche.

**Figure 6.2 : Le cercle vertueux de la reconnaissance**

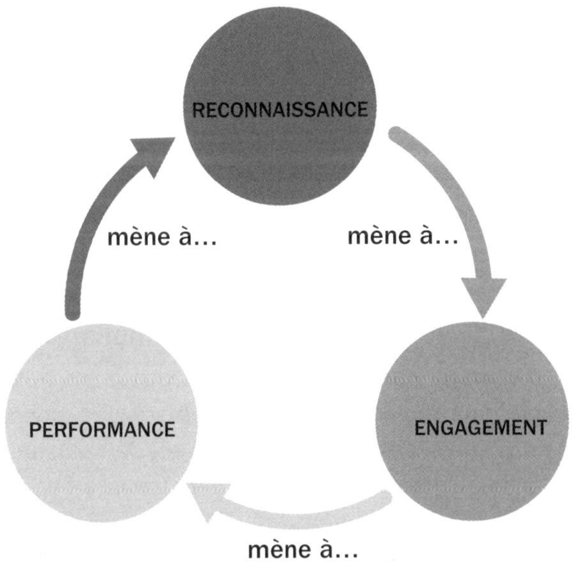

En prise de poste, cette posture est un choix fort. Elle envoie un signal de sécurité aux collaborateurs, réduit d'emblée l'incertitude et, en même temps, permet au manager de prendre toute la place à laquelle on l'attend : légitime, allié, curieux, ouvert, courageux. Le tout sans arrogance ni sentiment d'imposture.

À l'inverse, le management toxique naît souvent là où la reconnaissance fait défaut dès le plus haut niveau. Un manager qui ne reçoit pas de valorisation peut difficilement en offrir à ses équipes. Dans un environnement où l'accent est mis sur les erreurs plutôt que sur les réussites, où la pression constante sur les résultats étouffe toute initiative, la culture devient celle de la peur et de la réactivité. Le management toxique, avec son manque de valorisation, nuit à la motivation, augmente le *turnover* et diminue l'engagement des collaborateurs. **Reconnaître ce qui va bien, même dans un environnement exigeant, n'est pas un sous-management : c'est une stratégie gagnante pour la durabilité des équipes et la performance de l'entreprise.** Loin d'être un témoignage anodin, la reconnaissance devient alors un levier crucial pour éviter la dérive du management toxique. Prendre le temps de valoriser les réussites de ses équipes, même petites, parfois avec un simple « merci », instaure une dynamique positive qui contrarie les effets d'un management toxique.

**Ludovic : « Je vois la force du compliment. »**

*Je suis manager dans l'industrie aérospatiale. C'est incroyable, la force du compliment. Une équipe travaille pendant des semaines, voire des mois sur un projet. Cela aboutit. Quand je dis à mes collaborateurs "vous avez travaillé dur, vous êtes allés jusqu'au bout, on a gagné ce contrat, on a atteint notre objectif. Merci, vous avez vraiment tout donné. Je l'ai vu, ça n'a pas été facile mais vous n'avez rien lâché", je vois l'effet de ces mots sur mon équipe. C'est comme si je remplissais à nouveau leur verre de motivation qui s'est vidé à l'usure du projet. Ils sont fiers, ils se savent reconnus, appréciés. Ces paroles valorisantes sincères sont des boosters fantastiques. Et on repart de plus belle sur les autres projets !*

# Se montrer reconnaissant au quotidien

### Commencez par vous-même

Pour pouvoir porter ce regard sur les autres, il est essentiel de commencer par se regarder soi-même avec lucidité. « Où suis-je "grand", talentueux ? Où suis-je "petit", vulnérable ? Quelles sont mes forces et quels sont mes points de développement ? » Vous poser ces questions vous permet de mieux cerner vos propres capacités et de reconnaître vos limites, de manière à agir sur vos zones de progrès. Ce travail de réflexion personnelle est essentiel pour adopter une posture juste et objective vis-à-vis de vos collaborateurs.

## Traquer les motifs de satisfaction

Connaissez-vous le syndrome du 19,75/20 ? Cette note donnée à une copie brillante suscite plus souvent la question « Pourquoi n'as-tu pas eu 20/20 ? » qu'un grand « Bravo ! ». Nous évoluons dans un système où l'on traque davantage l'erreur que les réussites. Ce biais se rejoue en management : on réagit plus vite à un problème qu'à un progrès. Nous vous invitons à traquer ce qui va bien dans votre équipe, et ce dès votre prise de poste. Voici un mémo en deux parties pour le faire à la juste mesure.

## Observer trois dimensions : talents/effort/impact

**Reconnaissez les talents, les forces de chacun, ses compétences uniques,** qui font de lui un maillon nécessaire dans l'équipe et l'entreprise. Celui qui se sent nécessaire s'investit à la hauteur de ce qu'on attend de lui. Et inversement... Prenez le temps de faire ce travail pour chacun des membres de l'équipe dont on vous confie l'encadrement : observez, avec lucidité, les talents, les compétences et les domaines à améliorer chez tous ceux qui vous entourent. Il ne s'agit pas d'une observation superficielle mais d'un exercice continu qui vous invite à reconnaître le potentiel de chacun, tout en soutenant son développement personnel. Certains collaborateurs sont de formidables stratèges, d'autres excellent dans l'exécution précise, certains savent fédérer naturellement, tandis que d'autres, plus discrets, apportent une intelligence analytique précieuse. Votre rôle est de reconnaître ces talents uniques et de leur donner la bonne place au sein de l'équipe pour qu'ils s'y déploient pleinement et que vous puissiez vous appuyer dessus.

Il est tentant de se concentrer sur les points faibles, mais le risque est de créer un environnement de doute et de frustration. **En valorisant les forces de chacun, vous stimulez au contraire la motivation, l'engagement et la confiance collective.** Plus vous regardez vos collaborateurs avec cette lucidité, plus vous les aidez à se développer et à exceller dans leurs rôles. Ce regard positif et objectif contribue et à leur épanouissement personnel et à la réussite collective de l'équipe.

**Reconnaissez l'effort vers la performance.** Le résultat compte, bien sûr, mais le chemin qu'on emprunte pour y parvenir également. Sachez saluer l'implication, les sacrifices et le travail fourni au quotidien, même lorsque le résultat final n'est pas encore atteint. Reconnaître l'effort, c'est dire : « Je vois ce que tu fais. C'est important. » Braquez les projecteurs aussi sur les « *doers* » ces collaborateurs qui œuvrent en coulisse à la réussite des projets. Vous démontrez ainsi l'importance de chaque contribution au succès collectif.

**Reconnaissez l'impact.** Soulignez la part des contributions de chacun sur l'atteinte des objectifs. La reconnaissance de la performance individuelle sert aussi le cercle vertueux de la performance collective.

### Et si on le fait déjà sur LinkedIn ?

LinkedIn foisonne de posts dans lesquels les managers affichent leur fierté d'avoir réalisé tel projet avec tels collaborateurs, dont ils taguent une liste interminable. Mais taguer un collaborateur sur LinkedIn, ce n'est pas la même chose que lui adresser directement un signe de reconnaissance personnalisé. Certains y sont sensibles, d'autres non. Demandez-vous toujours pourquoi vous écrivez ce post sur LinkedIn et qui vous souhaitez finalement mettre le plus en avant (vous ou ceux que vous taguez ?)...

## Doser trois ingrédients clés : vérité/proportion/intention

1. **La vérité** : la reconnaissance doit être authentique et fondée sur des actions concrètes. Appuyez-vous sur des exemples précis.
2. **La proportion** : il s'agit de célébrer ce qui mérite d'être célébré, sans excès. Ne négligez pas ce qui mérite d'être reconnu mais n'en faites pas trop non plus, sinon vous perdrez en crédibilité. Tout est dans l'équilibre.
3. **L'intention** : accompagnez votre reconnaissance de votre intention sincère de renforcer la motivation et la cohésion.

Pas de flatterie, pas d'intention cachée pour obtenir autre chose ou pour vous octroyer *in fine* le mérite d'un résultat. Emmanuelle raconte ainsi que son manager la félicite souvent… mais ramène systématiquement les succès à lui ! Cet excès de reconnaissance détournée finit par avoir l'effet inverse : Emmanuelle perd confiance en elle, en son manager et en l'équipe.

## Comment le dire ?

### Dire les choses dans une logique d'amélioration : le feedback AAA

Qu'il s'agisse de feedback, de *feedforward* ou de retour d'expérience (REX) d'équipe, la posture de leader reconnaissant est la même : apprécier le travail réalisé, donner des directives claires et envisager ensemble un futur meilleur, avec la conviction que chacun peut progresser. Ces retours montrent à vos collaborateurs que vous êtes là pour les accompagner dans leur évolution, tout en maintenant des standards élevés et améliorer les performances futures de l'équipe.

#### Les langages de la reconnaissance

Il y a plusieurs moyens d'exprimer de la reconnaissance, en attitude ou en parole. Chacun a son langage préféré et tout le monde ne parle pas le même. Détecter le vôtre et connaître ceux de vos interlocuteurs vous permettra de tomber juste et de produire l'effet escompté. Vous pouvez les conjuguer.

- **Témoignages discrets** : un sourire, un geste, du soutien et de la prévenance en cas de coup dur, etc.
- **Paroles valorisantes** : les remerciements et compliments publics (une mise en avant durant une réunion, par exemple) ou privés,

oraux ou écrits, par SMS ou mail, même courts, par exemple après une réunion, une présentation, etc.

- **Moments de qualité** : un temps passé en étant à 100 % dans la qualité, sans parasitage. Un déjeuner ou un pot d'équipe, une rencontre en tête à tête avec un collaborateur, par exemple pour souligner les succès ou les efforts, marquer les départs et les arrivées, etc.
- **Récompenses** : une prime, une augmentation, une promotion, un élargissement des responsabilités sur un sujet, un trophée.
- **Cadeaux** : une petite attention rapportée d'un déplacement, du temps libre gratuit offert pendant un séminaire de travail, une activité d'équipe, etc.
- **Coups de pouce** : l'accord pour une formation demandée depuis longtemps ou pour des congés à une période inopportune, une souplesse dans l'emploi du temps, etc.

En prise de poste, nous vous encourageons à recourir au feedback « triple A », fondé sur le modèle de l'Appreciative Inquiry (AI), méthode de management qui se concentre sur les forces et les succès plutôt que sur les échecs. Avec cette méthode, l'échange se structure en trois étapes simples :

1. **Appréciation** : « Ce que j'ai aimé/apprécié (dans cette mission, dans notre collaboration, etc.), c'est... »
2. **Amélioration ou amplification** : « Ce qui pourrait être encore mieux, c'est... » ou « voici les éléments auxquels je donnerais plus d'ampleur car ils sont bons ».
3. **Action ou ajustement** : « Concrètement, voici ce que je propose pour la suite... » ou encore « quel simple ajustement pourrait améliorer tel élément pour qu'il soit vraiment bon à l'avenir ? ».

Plus le cadre posé est clair (voir chapitre 5), plus le feedback peut être précis, concret et puissant. Par exemple, voici le feedback AAA que fait Fabien, manager d'une équipe de commerciaux terrain, à Carla, à la suite d'un rendez-vous commercial auquel il a assisté :

- **Appréciation** : « J'ai particulièrement apprécié ta préparation minutieuse de ce rendez-vous, au cours duquel tu as su montrer au client comment nos produits peuvent répondre à ses besoins spécifiques. Cela t'a permis de rester calme et concentrée, même lorsque le client était très exigeant et pressant. Tu as démontré un profond respect pour ses intérêts tout en défendant efficacement nos propres objectifs commerciaux. »
- **Amélioration/amplification** : « Ce qui pourrait être encore meilleur pour les futures négociations, c'est de chercher à clarifier davantage les attentes du client dès le début de la réunion, pour éviter toute confusion ou malentendu ultérieurs. Je pense aussi que tu pourras déployer davantage ton talent en négociation si tu renforces encore ta connaissance de nos produits. Cela te permettra de proposer des solutions encore plus ajustées aux besoins des clients. »
- **Action/ajustement** : « Concrètement, pour la suite, je te propose, en t'appuyant sur l'équipe de production, de construire une matrice de négociation qui sera utile à toute l'équipe. Cet outil évaluerait et classerait les priorités du client et les nôtres. Il nous permettrait d'entrer dans les négociations en ayant une représentation claire des objectifs à atteindre, avec les points non négociables et les zones de compromis. »

Cette approche du feedback AAA est particulièrement modélisante pour créer une culture de la reconnaissance au sein de l'équipe : en tant que manager, vous pourriez même encourager les membres de votre équipe à se solliciter et se donner entre eux du feedback AAA régulièrement : « Donne-moi un AAA sur mon intervention lors de la dernière réunion. »

## Inviter à une approche intégrale : le REX en 4 C

Une autre façon d'installer la confiance au sein de l'équipe est de pratiquer des retours d'expérience (REX) réguliers durant les premières semaines de votre prise de poste. Invitez, par exemple, les membres de l'équipe à se prononcer sans restriction sur « 4 C » :

- **Cœur** : « Ce que j'ai aimé, ce qui m'a plu, ce qui a eu du sens dans ce que nous avons fait. »
- **Cerveau** : « Ce que j'ai appris ou compris sur moi/nous et notre façon de travailler ensemble. »
- **Complexité** : « Les difficultés que nous avons rencontrées, nos défis. »
- **Contribution** : « Ce que je propose pour la suite, l'aide concrète que nous pouvons nous apporter à l'avenir au sein de l'équipe. »

Commencer en tant que manager par parler de la dimension du cœur crée le climat de confiance. Terminer par la contribution met dans une dynamique de coopération, voire de complicité. Ce type de REX est particulièrement efficace après des événements forts comme la fin d'un projet, ou après une période difficile de tension opérationnelle ou relationnelle. La méthode évite autant le bavardage que le procès post-mortem. Elle ancre les enseignements tout en stimulant la motivation et l'engagement. Le fameux cercle vertueux reconnaissance – confiance – performance tourne à plein ! Prendre ainsi le temps de ces REX d'équipe contribue à tisser une mémoire collective et vivante, sur laquelle on pourra s'appuyer pour les prochaines étapes : au lieu de se perdre, ce que l'on nomme ensemble reste comme un repère. La forme compte autant que le fond. Le ton juste, la sécurité relationnelle et l'intention bien posée en font un véritable outil de confiance.

## Si je suis le N + 1 du manager en prise de poste, mon focus : incarner la reconnaissance comme levier d'engagement et de rétention

Trop de prises de poste échouent parce que personne ne dit clairement au manager : « Ce que tu fais compte. » Sans reconnaissance, même les plus engagés finissent par se replier. Au mieux, ils se désengagent. Au pire, ils partent et leurs équipes suivent.

Je prends conscience que ma reconnaissance a un poids spécifique. Je souligne les efforts visibles, la posture ajustée, les décisions courageuses. Ma gratitude est modélisante car je suis très regardé et imité par mes équipes. Je reconnais donc mon N – 1 en tête-à-tête et devant ses équipes. Pas pour le flatter mais pour mettre en lumière ce qui doit l'être.

Je ne me contente pas de résultats chiffrés. Je salue aussi les actes de leadership, la capacité à créer de la confiance, à transformer une dynamique d'équipe. Et je garde en tête qu'un feedback est déjà une forme de reconnaissance : cela signifie que j'ai vu, que j'ai pris le temps, que cette personne compte.

La reconnaissance est un acte de management. Elle n'est jamais superflue. Elle est souvent fondatrice.

# TABLE DES MATIÈRES

# LES AUTEURS

www.linkedin.com/in/isabellecroo

**Isabelle Croo** a occupé des postes de direction chez Mondelez et Danone, pour qui elle a conçu et piloté le programme d'onboarding des dirigeants du groupe. Aujourd'hui, elle est executive coach, superviseure et praticienne Gestalt : elle accompagne les leaders et leurs comités de direction sur tous leurs sujets stratégiques de transition, en combinant exigence business et sens aigu des relations humaines.

www.linkedin.com/in/piadebuchet

**Pia de Buchet** est coach, facilitatrice en intelligence collective et conseil en communication. Elle intervient auprès de dirigeants et de leurs équipes sur les questions de leadership, management et vision. Co-auteur de 15 ouvrages professionnels, elle a l'art de transmettre les *soft skills* qui rendent les collaborations plus efficaces et harmonieuses.

*Dépôt légal : octobre 2025 – N° éditeur : MAGSI20240307 - N° Imprimeur : 102582352*
*Achevé d'imprimer en octobre 2025 en France par Présence Graphique - Monts*

IMPRIM'VERT

PEFC
10-31-2677

FABRIQUÉ EN FRANCE